郵船クルーズPresents

ASUKA, Around the World
Vol.34
文=中村庸夫

西洋と東洋をつなぐボスポラス海峡

古くは陸続きだった地峡が、海面上昇により
黒海とマルマラ海が結ばれてできたとされるボスポラス海峡。
海峡に面したイスタンブールは前7世紀に
ギリシャ人が建設したビザンティオンに始まり、
海峡名はギリシャ神話に由来する。
海峡は南北約30キロ、最も広い幅3700メートル、
狭い部分で800メートルほどで、北の黒海からマルマラ海、
エーゲ海を経て地中海、大西洋を結ぶ
海上交通の要衝をなしている。
黒海沿いの、現在のロシア、ウクライナ、ルーマニアなど
地中海への航行権を確保したい国々と、阻止しようとする
オスマン帝国などとの間で長年の駆け引きが行われてきたのだ。
ボスポラス海峡に隔てられた西洋(Occident)と東洋(Orient)を
結ぶ重要な中継点であったため、ローマ帝国、ビザンツ帝国、
そしてオスマン帝国と、歴史上3つの帝都が置かれ、
「コンスタンティノープルを制する者は世界を制する」と
言われるほどの戦略的要地となっていた。
歴史を色濃く伝え、ビザンティン建築の精華を吸収した
トルコ・イスラム建築が立ち並ぶイスタンブール旧市街地区は
世界遺産に登録されている。
西洋側に立ち、旧市街の大ドームやミナレットが林立する
イスタンブール歴史地域前の海峡を、
飛鳥Ⅱが航行する姿を目にすると、歴史上の大帝国が
ここを押さえたかった気持ちが強く伝わってくる。

なかむら・つねお
海洋写真家として海や海の生物、客船の写真を撮り続け、年間の半分近くは海外取材を行っている。2011年、内閣総理大臣から「海洋立国推進功労者」を受賞。「飛鳥」「飛鳥Ⅱ」を就航以来、撮り続けている。

https://www.asukacruise.co.jp/introduction/gallery/port-collection/

就航30周年のアニバーサリーディナーの一皿。
水面を思わせる輝くプレートに盛り付けられた洋上の旅人を幸せにする一皿は
まるで白いキャンバスに描かれた美味なる絵画のよう。
さまざまな味わいが融合したハレの日のディナー。
海の上のダイニングで味わう特別な時間。

お帰りなさい、飛鳥Ⅱへ。

海と大地の四季を楽しむダイニング。

「フレンチだけれど、ヘルシーに」をテーマとした30周年記念ディナー。おすすめは、伊勢志摩の答志島で獲れた鰆を使ったスモークサラダ。上質な海の幸だからこそ、あえてシンプルに楽しむのが飛鳥のスタイル。デザートは大地の恵みから。初冬に美味しさが増す紅玉林檎で作ったカラメリゼと味わうムラングスフェール。中に隠れたアイスクリームには乳酸菌を使い、体にも口にも優しい口どけ。記念ディナーでは特別な一皿でお客様をお迎えいたします。
※ディナーの内容は変更となる場合がございます。

飛鳥Ⅱ

 郵船クルーズ株式会社

郵船クルーズ(株)は飛鳥Ⅱを保有・運航している会社です。

〒220-8147 横浜市西区みなとみらい2-2-1 横浜ランドマークタワー
TEL 045-640-5301 (10:30〜17:00／土・日・祝休み)
営業時間は変更となる場合がございます。

飛鳥クルーズ　検索　

https://www.asukacruise.co.jp

2021ⓒクルーズトラベラーカンパニー
本誌掲載の記事、写真、イラストレーション、
ロゴの無断転載および複写を禁じます。

Contents

Cover
リニューアルを
完了した飛鳥IIの
プールデッキで。

photo by Taku Tanji
design by Kenji Inukai

Vol.20

<ruby>にっぽん丸</ruby>
船 首 千 景 物 語

photo & text by
Kazashito Nakamura

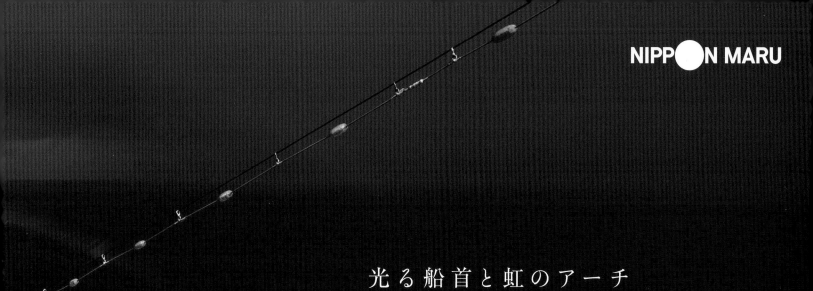

光る船首と虹のアーチ

　船旅の感動とは出会いだ。そう聞くと、見知らぬ人と意気投合することが想像されるが、この出会いの意味はそれにとどまらない。海を渡る鳥、波に乗るイルカ、そして一瞬の自然現象……。偶然だからこそ、自然との出会いは常に忘れがたい。

　この日、にっぽん丸は八丈島を過ぎて更に太平洋を南下していた。そして正午を過ぎた頃、予報外れの大雨に見舞われた。頭上には黒く厚い雲が覆い被さり、辺りは昼間とは思えないほど暗くなっていた。しかしほんの一瞬、雲の切れ間から強烈な日差しが船首に降り注いだ。吹き付ける雨風、穏やかな波、光る舳先、そしてその先には虹色のアーチが架かっていた。にっぽん丸はとどまることなく進み、低空に架かった虹が消えることなく身体の中を抜けていったような錯覚を感じた。絶海の洋上で出会った不思議な出来事だった。

中村風詩人（なかむら・かざしと）｜ 1983年生まれ、海をライフワークとする写真家。世界一周クルーズをはじめ、南太平洋一周、アジア一周など長期乗船も多い。船上では写真講演や寄港地でのフォトツアーなども行う。代表作は、7つの海を水平線でひとつにした写真集『ONE OCEAN』（クルーズトラベラーカンパニー発行）、近著に『小笠原のすべて』（JTBパブリッシング発行）。

あなただけのイタリアが、
出航します。

コスタクルーズはイタリア生まれのクルーズ船。

太陽と海とエンターテインメント、

そして陽気で親切なクルー達が、皆様をお迎えいたします。

いつもとは違う時間と空間の中で、まだ見ぬ自分を大胆に解放し、

ドラマチックな美しき日々と共に、周遊の旅をゆっくりとお楽しみください。

海の上のイタリア、グランデ・イタリアがあなたをお待ちしています。

Costa
ITALY AT SEA

スカンジナビアの長い冬が明けるとクルーズ・シーズンに突入する。1000m以上深く削られたフィヨルドは穏やかで、春になると海面下では、ニシンなどの生物が大発生してあふれ返る。北極圏にほど近いこの地では、真夏になっても山頂には雪が残り、ほとんど沈まぬ太陽が照らし出す。ほとんど人が踏み入れたことが無い台地の上空から見下ろすと、人間が作った船が何ともちっぽけに見えてくる。こんなに遠くまで、クルーズできる日が早く来ることを願ってやまない。

10人の写真家からのメッセージ

THE CRUISE GRAPHICS

飛鳥Ⅱ、ソグネフィヨルドにて

中村庸夫

photo & text by Tsuneo Nakamura

スカンジナビアの長い冬が明けるとクルーズ・シーズンに突入する。1000m以上深く削られたフィヨルドは穏やかで、春になると海面下では、ニシンなどの生物が大発生してあふれ返る。北極圏にほど近いこの地では、真夏になっても山頂には雪が残り、ほとんど沈まぬ太陽が照らし出す。ほとんど人が踏み入れたことが無い台地の上空から見下ろすと、人間が作った船が何ともちっぽけに見えてくる。こんなに遠くまで、クルーズできる日が早く来ることを願ってやまない。

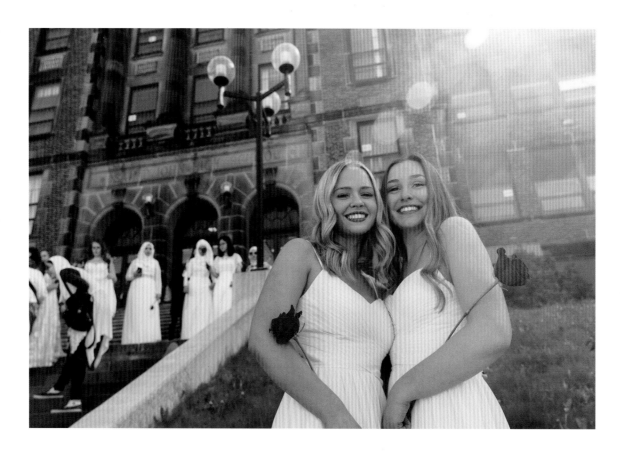

セントジョンの卒業式で

高橋敦史

photo & text by Atsushi Takahashi

写真講師として延べ1年以上を船上で過ごし、3度目のワールドクルーズ後半で出会ったのがこの場面。カナダ東岸のセントジョンは世界一の干満差を誇る以外はさしたる見どころもない、船が寄らなければきっと来ることがなかったはずの港町。期待もせずにデッキから街を見下ろすと、突如、高校の校舎から真っ白なドレスを着た学生たちが繰り出してきた。慌てて下船し駆け寄ると、「今日は卒業記念の撮影なのよ。いいわ、あなたもぜひ撮って！」

秋の瀬戸内海

北村美和子

photo & text by Miwako Kitamura

秋の瀬戸内海を小型船ガンツウでクルーズ。小さな船は海面が近く、波音がいつも聞こえているような気がする。建築家のこだわりが詰まっていて、木の優しさと温もりを感じる船で、切妻屋根が切り取る瀬戸内海の景色に癒やされた。瀬戸内は海なのに、クルーズ中、水平線にはいつもどこかの島影が見えているのがうれしい。モダンなデザインのテンダーボートに乗り換えて、小さな島に出掛けると、島民が珍しそうにボートを眺めていた。

憧れの街を、船で

菅原千代志

photo & text by Chiyoshi Sugawara

外輪船によるミシシッピ川のクルーズが長い間の夢だった。マーク・トウェインの著作にほれ込んでいたせいもあるが、クルーズの拠点となる街ニューオーリンズが好きだった。「こんな街がアメリカにあるのか？！」と、初めて訪れたニューオーリンズに衝撃を受けたのは45年ほど前だったろうか。この街を「ジャズが生まれた街」などと呼ぶのはあまりに教科書的だ。豊かな食や文学に彩られ、街の隅から隅まで音楽が息づいているのだ。

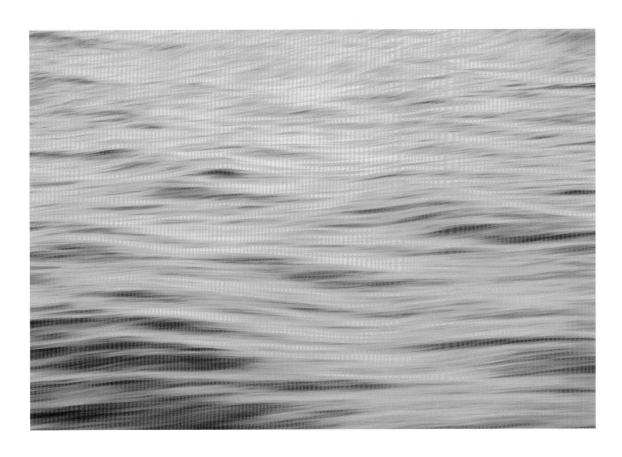

朝の水面に

永島岳志

photo & text by Takeshi Nagashima

寝ぼけ眼をこすり、そろりとベッドから抜け出してカーテンを開けた。深い闇は力を失い、東の空が夜明けを迎えようとしていた。カメラを三脚に据え、レンズの画角いっぱいに亜熱帯の海原を捉える。絞りはF8、シャッター速度は1秒。「カッ…シャ」と深呼吸するようなシャッター音でカメラは光を受け止めた。混交する波の揺らぎと船の動き、そして真新しい朝の色。さまざまな偶然が重なりもたらすイメージは、旅の意味をも問いかける。

マトゥア島の無人の教会

丹治たく

photo & text by Taku Tanji

2015年10月5日、オホーツク海に連なるクリル諸島の一つを成すマトゥア島は、10度を下回る気温だった。無人島ではあるが、付近を航行する船を見守りように、小さなロシア正教の教会が断崖の縁に建てられている。数日をかけてオホーツク海を巡ってきた我々は、久しぶりの文明の影に歓喜の声を上げた。沖合に浮かぶのは、フランスの高級エクスペディション船ルソレアル。船の旅は、国境や人種の垣根を超え、知られざる風景に出会わせてくれる。

ジェノバの朝

本浪隆弘

photo & text by Takahiro Motonami

MSCメラビリアにて、ジェノバ入港時の風景を撮る。朝早く起きて、デッキに立ちカメラを構えていた。丘陵地帯に並ぶ邸宅群が朝日と共にゆっくりと近づいていく。美しい黄金色の朝日に、目に映る全ての物が包まれる様を見ていると、それだけで幸せな気持になる。洋上からの入港時に見える風景は、クルーズの旅の醍醐味の一つだ。

好転の兆し

中村風詩人

photo & text by Kazashito Nakamura

2019年は世界一周クルーズに乗船し、七大陸の絶景や奇跡のような海景が目の前にあった。だが一方で今年は海の上で過ごす日はめっきりと減ってしまった。それでもやまない雨が無いように、まもなく快晴のクルーズ日和がやってくるのだろうと確信している。ふと、ポリネシア諸島をめぐっている時に見た雨上がりの空にかかる二つの虹を思い出した。ダブルレインボーは幸福が始まるサイン。今、船首の先には七色の架け橋が見えている。

ストレジョンズ・フィヨルドを出る

矢部洋一

photo & text by Yoichi Yabe

北緯80度、北極圏。地表の6割を氷河が覆うノルウェー・スヴァルバード諸島をめぐる船の旅は、荘厳な自然を目の当たりにする稀な機会を与えてくれる。私が乗船したのは客室数12のポーラー・クエストM/Sオリゴだった。船はいくつもの深いフィヨルドに分け入りながら諸島を一周した。航海は天候次第。凪から嵐へと突然変化するこの海域では予定が立てられないからだ。鈍く輝く光を反射する氷河の大地と凪の海面と船の曳波、そして雲間の青空が不思議な瞬間を演出してくれた。

いつか、またこの海へ

伊藤秀海

photo & text by Shu Ito

火山の噴火を思わせるような、ノルウェーの島の後ろにそびえ立つ巨大な夕焼け雲。クルーズ客船に初めて乗船した時、見渡す限り広がる大海原に圧倒された。毎日この大空に繰り広げられる自然の創り出すアートは、見た人の心を船の旅の魅力で満たし、つかんで離さない。今この世の中の状況を夜と例えるなら、夜にしか見えない景色があることを忘れないでほしい。暗闇に色を照らす日の出は、必ず来る。今は希望を貯金する時。いつかまた国境が開かれるその日まで。

TOMORROW'S

ふだん旅を共にするフォトグラファーたちに、
船旅で最も感動した瞬間を切り取った作品
を選んでもらった。集まった10枚の作品に
は、それぞれの思いが詰まっている。日本
から、世界から、時には地の果てから。それ
ぞれの体験を基にした作品が語るのは一つ。
私たちが船旅の感動を忘れないということ。
そして、海も、立ち寄った港町も、私たちを
忘れない。

text by Masatsugu Mogi

CRUISE for HAPPINESS!

1

From TOKYO

Special Interview with Yuriko Koike

東京国際クルーズターミナル 2020年9月10日開業!

2020年、幸せのクルーズライフを後押しする
首都東京の新しい客船ターミナルの開業に際して
小池百合子知事にお話を伺いました。

こいけ・ゆりこ
—

1952年兵庫県芦屋市生まれ。
カイロ大学文学部社会学科卒業後、
通訳、キャスターとして活躍。
1992年日本新党公認で参議院初当選。
翌1993年からは衆議院8期連続当選。
環境大臣、内閣府特命担当大臣(沖縄及び北方対策)、
内閣総理大臣補佐官(国家安全保障問題担当)、
防衛大臣、自由民主党総務会長などを歴任。
2016年7月東京都知事に就任し、
現在2期目を迎えている。

聞き手=茂木政次(本誌)
interview by Masatsugu Mogi

Q1 | 新しいターミナル、建造の背景を教えてください。

これまで東京港では中央区にあります晴海客船ターミナルで客船をお迎えしてきました。しかし、近年の客船の大型化により、レインボーブリッジの下を通過できず、湾奥に位置する晴海客船ターミナルに入港できないケースが増えてまいりました。そこで、レインボーブリッジの外側である青海地区に世界最大クラスのクルーズ客船も受け入れ可能な施設として、新たに東京国際クルーズターミナルを整備しました。東京の新たな玄関口として、皆さまに親しんでいただけることを願っています。

東京都では2014年に東京港の客船誘致の方向性を示す「東京クルーズビジョン」を策定して以来、船会社などに対して積極的に誘致活動を行ってきました。現在は東京都単独の新しい施設のセールス活動にとどまらず、国内の他港とも連携して誘致活動に取り組んでいます。東京の発着港としての抜群の利便性と、寄港先となる他港の魅力を打ち出した「理想的な東京発着クルーズ」を船会社だけでなく旅行会社などもターゲットに提案し、ツアー造成を促していくことで、地方との共存共栄を図っていきたいと思います。

Q2 | 特徴的なデザインですが、どのようなコンセプトが?

外観は、波や船の帆をイメージした大屋根が特徴で、「反り」のある深い軒や四周のバルコニーで日本建築の要素も取り入れています。この「反り」屋根は、北東側は東京の景色に向けて屋根を開く(反る)ことで、来館者をお出迎えし、南西側は入港する船に向けて開く(反る)ことで海の玄関口としての設えを表現しました。南西側の「反り」屋根の下には送迎デッキを設けており、乗船ゲスト以外の一般のお客さまもご利用いただくことが可能です。ガラスカーテンウォールは開放感があり美しく、館内のテーブルやソファは東京都の多摩産材を使用したこだわりのものを取り入れています。また検査エリアやバゲージエリアは、スムーズに乗降ができるよう、客船の規模などに合わせて柔軟にレイアウトを変えられる仕様としているところがポイントになります。

Q3 | クルーズファンへのメッセージをお願いします。

新型コロナウイルス感染拡大の影響で長らくクルーズの運航が難しい状況が続いていましたが、先般、国内クルーズが再開されました。東京国際クルーズターミナルでも本年12月からついに客船の受け入れを開始します。当面は日本の客船が中心となりますが、いずれは世界中からさまざまな客船をお迎えして、多くの観光客の方でにぎわうことを願っています。また、広々とした館内スペースを利用して、イベントなどの実施も力を入れていく予定です。客船入港時以外は一般開放しておりますので、多くの皆さまにお越しいただき、新しい東京の海の玄関口を楽しんでいただければと思います。

Q4 | これまで訪れた中で特に印象的だった旅先はどちらですか?

竹富島のリゾートホテルが印象に残っています。元々、自然豊かな土地柄で、島の伝統的景観を大切に守られています。とても美しく、心から魅了されました。中でも、地産地消の取り組みが素晴らしく印象的でした。実は、東京都にも沖縄の島々にも劣らない美しい島々が多くあります。竹富島の取り組みは東京の島においても参考になるものと考えているところです。

小池百合子

東京都知事

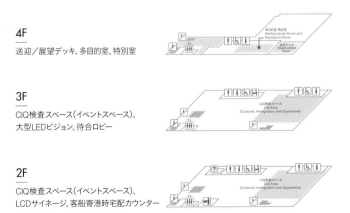

4F

送迎／展望デッキ、多目的室、特別室

3F

CIQ検査スペース（イベントスペース）、
大型LEDビジョン、待合ロビー

2F

CIQ検査スペース（イベントスペース）、
LCDサイネージ、客船寄港時宅配カウンター

1F

エントランスロビー

1_20万トン超えの世界最大級となる客船も受け入れ可能な岸壁。　2_広々としたCIQ検査スペース。館内は木材を多用して落ち着き感を演出。　3_高い天井とトップライトからの自然彩光が心地よい待合エリア。　4_東京港の眺望が楽しめる送迎／展望デッキ。

CRUISE STYLE BOOK 2021

CRUISE
for
HAPPINESS!

photo by Taku Tanji

幸せのクルーズライフ 2021

そろそろクルーズに乗って気分をアップしたい！
そんな船旅ファンたちの声が聞こえてくる昨今、次の船旅が待ち遠しくなる、
「幸せを感じる」「笑顔になれる」クルーズの数々を紹介。

横浜の空に舞い上がるシャボン玉。リニューアルした飛鳥IIは、出航セレモニーも新しく。

上田寿美子が体験！
新時代の飛鳥Ⅱ、
ハッピークルーズへ

Impression of Sumiko Ueda

飛鳥Ⅱが11月より運航再開をスタート。
前もって行われたトライアルクルーズに上田寿美子が乗船。
ウイルス対策のガイドラインに即した新しいスタイルで、
生まれ変わった船内と、再開の幸せを味わうクルーズへ。

私もクルーズ再開！

ASUKA Ⅱ × Sumiko Ueda

飛鳥Ⅱ

船名：飛鳥Ⅱ
運航会社：郵船クルーズ
総トン数：50,444トン
全長／全幅：241／29.6メートル
乗客定員／乗組員数：872／約470名
就航／改装年：1990/2020年
問い合わせ：郵船クルーズ
https://www.asukacruise.co.jp

うえだ・すみこ

クルーズジャーナリスト。
外国客船の命名式に日本代表として
招かれるなど世界的に活動、講演も行う。
『マツコの知らない世界』（TBSテレビ）に
出演し好評。
著書に『上田寿美子のクルーズ！万才』など。
日本外国特派員協会会員、
日本旅行作家協会会員。

文＝上田寿美子
photo by Sumiko Ueda
写真＝丹治たく
text by Taku Tanji

アスカプラザに誕生した大型
LEDスクリーン「飛鳥ビジョン」。ラ
イブ動画も映し出す。

1

2

3

この他、寄港地関連のVTRやアスカプラザのライブ映像などが映し出せる、情報力豊かなエントランスホールに変身していました。

出航の際のセイルアウェイも、従来の生バンドの演奏と紙テープ投げではなく、シャボン玉の演出に変わっていました。そのためにシャボン玉の出るマシーンを20台も購入したそうです。より海に配慮し、人魚姫を思わせる出航祝いの誕生です。

飛鳥Ⅱにとって初の和洋室（Aスイート）も完成しました。リビングルームから独立した畳敷きのベッドルームには、ふすま風ドアや丸窓を配して和モダンの雰囲気を表現。陽光が差し込むバスルームも、最近のクルーズ船やホテルのスイートルームのトレンドを取り入れています。

ロイヤルスイートとAスイートに対応するプレミアムレストランも一新され、名前も「プレゴ」から「ザ・ベール」となりました。海に面した廊下にガラスのパーテーションで仕切った2人テーブルを増やし、まさにベールに包まれた廊下の奥から秘密めいたレストランが現れる趣向です。

トライアルクルーズでは、飛鳥クルーズ30周年を祝う豪華なメニューがテーブルを飾りました。一皿目は滋味とほのかな甘みが交わるフォアグラムースとドライフルーツの取り合わせ。答志島で一本釣りした鰆のスモークは、食材を30種も盛り込み絵画のような美しい一皿として登場しました。秋の訪れを感じる薩摩地鶏と源助大根とトリュフのコンソメ。オマール海老と鮑のグリルには鮑の肝醤油と抹茶の泡を添えるなど、和のテイストもプラス。口直しのシャーベットでは、シャーベットマシーンをテーブルに持ってきて目の前で削り出すユニークなパフォーマンスに驚きました。朴葉で包み焼きにした黒毛和牛のポワレは、閉じ込められた上質な肉のうまみが絶品。そして、デザートの紅玉リンゴのカラメリゼは、リンゴをかたどり、食べるのが惜しいほどのかわいらしい

9月18日、飛鳥Ⅱが11月2日から商業航海を再開することを発表しました。それは、新型コロナウイルスの影響で長く停滞していた日本のクルーズに一筋の光が差し込んだような心が明るくなった瞬間でした。

10月24日〜25日のトライアルクルーズは、本年1月から約45日かけて行った大改装後の船内と、ウィズコロナ時代に向けた感染症対策を知る絶好の機会。私も指定のPCR検査を受け、乗船準備を整えました。

横浜港で、検温、健康質問票などのチェックを受け乗船。リニューアルした飛鳥Ⅱの内部に入ると、まず、アスカプラザの新設大型LDEスクリーンに注目しました。ちょうど乗船歓迎の画像が映っていましたが、

" 新しいプレミアムレストランで飛鳥30周年を祝うメニューを "

1_新プレミアムダイニング「ザ・ベール」で西口総料理長の料理解説を聞く。 2_和洋室（Aスイート）は使い勝手の良さと落ち着いた色合いが魅力。 3_飛鳥Ⅱのプロダクションショーも再開。四季の美しさを歌と踊りで表現した。 4_露天風呂を見学。海に溶け込んだような入浴タイムが話題だ。 5_マリナーズクラブで夫と乾杯！ピアノ演奏と共に船の夜は更けてゆく。

4

5

1

ちよさに、翌朝も午前6時に入浴。ちょうど昇り始めた朝日が海をオレンジ色に染め上げ、開放感あふれる至福の時を過ごしました。

ショータイムは指定席となり、よりゆったりとしたスペースで観覧することもできました。そして、懐かしい飛鳥Ⅱオリジナルのプロダクションショーの上演に、約300日の時を経て飛鳥Ⅱのクルーズが再開したことを実感しました。

船上では、感染症対策に取り組んできた郵船クルーズ株式会社・坂本深社長にインタビューし「考えられる最高レベルの感染症対策を行います。乗船前のPCR検査などでまず水際を固め、さらに、万が一船内で発生した場合にも対応できるようPCR検査機も3台搭載し、検査技師も乗船しています。隔離と同時に陰圧化できるキャビンも20室用意するなど、船内での発症対策に8割の力を注いでいます」などと、ほかの飛行機や新幹線の旅と比べてもしっかりとした感染症対策がなされていることを知りました。その結果、確かに娯楽も行動範囲も狭まった点がありますが、ゆったりと海を眺め、潮騒に耳を澄まし、好きな本に没頭し、カクテルとともに洒落た音楽を楽しむなど、落ち着いて船旅ならではの醍醐味に浸ることができました。しかし、その船上生活は、決して古臭いものではなく、Wi-Fiを利用し、メニューやデイリープログラムをQRコードで読み取る、新生飛鳥Ⅱらしい、モダンで合理的で洒落たクルーズでもありました。時代とともにクルーズは変わり、進化します。再開した新生飛鳥Ⅱが現代人の嗜好にあった安心安全なクルーズで多くのお客さまに「幸せな船旅」をもたらしてくれることを願ってやみません。

2

デザインでした。高級食材をふんだんに使った豪華な晩餐は、新プレミアムレストラン「ザ・ベール」にふさわしく、特にプライベート感覚を重視したパーテーションと席の配置が、コロナ対策にも功を奏した結果となりました。

さらに、ナプキンの上に置いてあったハート形の折り紙の裏を見ると「うえださま、ごじょうせんありがとうございました」からはじまる手紙が書いてあったのです。それは、テーブル担当のフィリピン人ウエイターからの嬉しいサプライズでした。

11デッキのグランドスパには、話題の露天風呂がオープン。初日の夜に入ってみると、漆黒の海から届く潮風と、遠くの海岸線に沿って揺れる町の灯が幻想的。あまりの気持

3

" モダンで合理的な新生飛鳥Ⅱで、「幸せな船旅」を満喫 "

1_クラブ2100はダンスの場から音楽鑑賞や語らいの場に。 2_フォーシーズンダイニングルームの朝食。焼き魚や出汁巻き卵など選択肢も豊富。 3_郵船クルーズ（株）坂本深社長にインタビュー。 4_e－Squareで紅茶と読書を楽しむ。新感覚の洋上ライフも心地よい。

4

上田寿美子が「リボーン飛鳥Ⅱ」をチェック！

改装した飛鳥Ⅱ、ここがステキ

1 海を走る露天風呂

グランドスパに新設された露天風呂は船上の新名所。一糸まとわず湯船につかり、朝な夕なに変わる海景色を眺めれば、心身ともに癒やされるでしょう。ただし、入港、停泊中や天候によっては入れないので、利用時間にご注意を！

2 e-Squareでモダンなティータイム

ブックラウンジ「e-Square」はまるで洋上のインターネットカフェ。ハーブティーをのみながらスイーツ関連の書籍を読み、カプチーノ片手にiPhoneやパソコンをチェック。パームコートと一体化した明るく知的なティータイムを提供してくれます。

3 改装後のリドカフェ＆リドガーデン

リドカフェ＆リドガーデンでは、昼食から夕食まで好きな時間に軽食を提供するリドダイナーを開始。また今回の改装で、より多彩な食の世界を提供できる仕掛けも作ったそうで、コロナ後のビュッフェ再開が楽しみです。

新しいクルーズ様式を楽しむ

1 じっくりと生演奏を楽しむ

密を回避するため、しばらくダンスは踊れないそうですが、音楽演奏は頻繁に行われていました。例えばクラブ2100では、アスカオーケストラのライブ。ダンスフロアにも椅子を置き、より間近で迫力ある演奏を楽しみました。このほか、ラテントリオやピアノ演奏などを各会場でゆっくりお楽しみください。

2 アスカクルーによる温かいおもてなし

マスク越しに笑顔を絶やさず、気持ちを寄せて細部まで気を配ったサービスにより、コロナ対策の影響で不足する点をカバーしていました。これも苦労を乗り越え再開した「新生飛鳥Ⅱ」の魅力と言えるでしょう。

1

NIPPON MARU

リニューアルにっぽん丸で
新たな至福を探して

（一財）日本海事協会による認証を得て、運航を再開したにっぽん丸。
11月からの再開に先駆けて10月下旬、万全な感染症対策の公開となる
プレオープンクルーズを実施。
新しい時代に合った客室やパブリックスペースが登場する
久しぶりのリニューアル、船内お披露目ともなったクルーズの模様を紹介。

文・写真＝島津奈美
text & photo by Nami Shimazu
cabin photo by Kazashito Nakamura

3

2

※撮影のためマスクを外しています

5

6

4

7

にっぽん丸の運航再開決定のニュースが入ってきたのは10月1日のこと。約8カ月運航休止していた船がいよいよ動き出す! 正式な運航開始前に関係者対象のクルーズを取材することになり、事前にPCR検査を受けて乗船の運びとなった。船内に入ると、"にっぽん丸の顔"の一人、福元剛ゼネラルマネージャーをはじめスタッフたちに出迎えられ、ホッとした気持ちになる。「久しぶりの運航で、新入社員のようなフレッシュな気持ちで、ドキドキしています。今回から設けたおすすめのスペースの一つとして、ドルフィンラウンジの窓から外を眺められる場所があります。新たにくつろぎのスペースとして使っていただくことになりましたので、ぜひ座ってみてください」と福元GM。

乗船後、感染症対策の説明会が開かれた。「持ち込まない」「うつさない」「広げない」をモットーに、細部にわたる対策を行い、有症者発生時の訓練も行ったとい

う。船内では食事の席に座る際には必ず乗船証を登録し、万が一感染者が発生した場合の濃厚接触者を追跡できるシステムを導入。各パブリックスペースや客室に空気清浄機が置かれているのも安心感があった。

日中、新たに加わった3タイプの客室を見学。注目は船首部分につくられた客室だ。5階の船首部分に設けられた「オーシャンビュースイート」は、船首方向にゆったりと座れる空間があり、船首に広がる風景を独り占めできる。航海日、一日中ここで過ごしてみたくなる。もう一つ、4階の「コンセプトルーム」という畳を敷いた和風の客室も新しい船旅のカタチを感じ

1_新装のeカフェ＆ライブラリー
には、電源の使える席も用意され
ている。 2_「にっぽん丸SHOW
CASE」で調理風景を見せる中山
勝利総料理長。

1

2

3

4

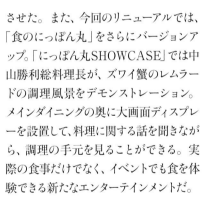

5

6

7

させた。また、今回のリニューアルでは、「食のにっぽん丸」をさらにバージョンアップ。「にっぽん丸SHOWCASE」では中山勝利総料理長が、ズワイ蟹のレムラードの調理風景をデモンストレーション。メインダイニングの奥に大画面ディスプレーを設置して、料理に関する話を聞きながら、調理の手元を見ることができる。実際の食事だけでなく、イベントでも食を体験できる新たなエンターテインメントだ。

夕方はフルーティストの山形由美さんのコンサート。夜はドルフィンホールで「ソーシャルディスタンスディスコ」に参加した。距離を保つため、椅子に座ったままできるダンスの振り付けをスタッフが考えたという。コロナ禍でも楽しめるよう、おもてなしを工夫するスタッフたちの努力をあらゆる場面で感じ取ることができた。

乗船中のインタビューで、山口直彦社長は「運航休止の間、乗組員に、これは冬ごもりじゃない、いつでも動けるように半身でできる構えをして準備をしようと話していました。今回新しい施設が加わり、例えばホライズンバーはラウンジと一体化し、夜は270度の夜景をご覧いただけます。お客様には新しいにっぽん丸でお気に入りの場所を探していただきたい」と語っていた。

にっぽん丸で過ごした24時間、船旅が与えてくれる、宝石箱のような幸福感に改めて気づかされた。生演奏のコンサートを聴く、総料理長自慢のとっておきの食事を味わう、大海原を見ながらデッキゲームをする、笑顔の素敵なスタッフとおしゃべりする……コロナ禍でハードルが高くなったことが、船に乗るだけで一度にかなえられてしまう。新しいにっぽん丸での再びのクルーズは、初めて船に乗った日のような感激を与えてくれるだろう。

SHIP DATA

船名：にっぽん丸
運航会社：商船三井客船
総トン数：22,472トン
全長／全幅：166.6／24メートル
乗客定員／乗組員数：532／230名
就航／改装年：1990／2020年
問い合わせ：商船三井客船
https://www.nipponmaru.jp

PACIFIC VENUS

Ship Doctor's talk

新しい生活様式で、クルーズを楽しむ

ぱしふぃっくびいなすシップドクターがウイルス感染対策について語る

ぱしふぃっくびいなすが2020年12月より運航を再開。明石シップドクターに同船の新型コロナウイルス対策や、乗船時に気を付けるべき点などについて伺った。

明石建／シップドクター
——
シップドクター
2019年1月よりぱしふぃっくびいなすの船医としてとして勤務。
2019年は、アジアクルーズ、春の日本一周クルーズ、竿灯ねぶた東北2大祭りクルーズに、2020年のアジアクルーズに乗船。

日本外航客船協会による「新型コロナウイルス感染予防対策ガイドライン」が発表され、「新しい生活様式」に基づいてクルーズが実施されます。船上での対策はどのように変わりますか?

　クルーズ船内は、限られた空間に多くのお客さまが長時間、一緒に生活するという特殊な環境です。新型コロナウイルス感染症だけではなく、インフルエンザや他の風邪症候群、ノロウイルスによる感染性胃腸炎など、全ての感染症が広まりやすい環境でもあります。それらの感染予防は、昔から、医療関係者を含む全ての職種が取り組んできた大きな課題です。ウイルスや細菌を船内に持ち込まないこと、やむを得ず発症した場合は患者の治療と他の人に感染させないような対応を厳重に行う必要があり、新型コロナウイルスの対応も基本的には同じです。乗船前からお客様と船員の健康状態を把握し、乗船前にPCR検査を行う、万が一、新型コロナウイルス陽性者や疑われる方が出た場合、ガイドラインに沿ってより厳格に対応する必要があります。船医として求められる仕事は、今まで以上に広範囲に高度になると思われます。少ない医療スタッフ、限られた医療資源、空間ではありますので、船長を中心に他の船員、陸上社員、他の医療機関とのよりよい連携が必要となってきます。

乗船前に義務づけられるPCR検査について教えてください。

　日本外航客船協会のガイドラインに基づき、乗船受付時の検温と健康質問票の提出を義務付けて、事前スクリーニングを行うこととしています。さらに、スクリーニングを強化する観点から、乗客全員に乗船前PCR検査を行うことにより、リスクをより低減させることに致しました。

新型コロナウイルス流行の初期の状況はどうでしたか?

　2020年1月から2月にかけての約1カ月間の、アジア各国をめぐるクルーズでは、新型コロナウイルスの対応に苦慮しました。クルーズが始まった時点では、一般的に新型コロナウイルス陽性者がまだ限定的で少なかったのですが、陽性者と陽性者が発生した国が増えるにつれて、船外活動の制限や寄港の中止が決まり、全てのクルーがその対応に苦慮しました。船内での新型コロナウイルス陽性者の発生防止に努めました。その時期は、インフルエンザの流行時期でもあって、症状だけからは、インフルエンザと新型コロナウイルス感染症、他の感染症とを区別することは難しいので、発熱などの症状が出た場合は、厳密な個室管理を行いました。無事に日本に再入国し、全てのお客様を見送ることができた時は、本当にほっとした思いでした。

ラウンジやプロムナードなどのパブリックスペースに、ソーシャルディスタンスなどウイルス感染対策がされたぱしふぃっくびいなすの船内。

万が一有症者が発生した場合の、船での対応を教えてください。

　船医の判断により、有症者および濃厚接触者に対し、新型コロナウイルス感染症検査を行います。検査結果が出るまでの間、有症者および濃厚接触者を船内で隔離し、船内イベントおよび船内施設の使用を休止します。そして、全てのお客さまに自室で待機をお願いいたします（※有症者とは、発熱、咳、呼吸困難、全身倦怠感、咽頭痛、関節・筋肉痛、下痢、嗅覚・味覚の異常など、健康状態に何らかの異常の症状を呈し、船医が新型コロナウイルス感染症の可能性が高いと認めた方）。

乗船中に必須となるマスクの使い方についてアドバイスを。

　マスクを着ける目的は、人からのウイルスや細菌の感染を予防することと、人への感染を予防することです。マスクの有効性は絶対ではありませんが、適切に使用することにより有効性が高くなります。ウイルスの飛沫感染を防ぐと同時に、ウイルスが多く付着する鼻や口を直接触ることによる接触性感染の予防効果があります。一度用いたものは長くても一日毎に交換もしくは洗浄してください。マスクはサイズが自分の顔の形に合った、隙間なく鼻と口、顎が覆えるものを使用します。鼻穴や下顎が見える着け方はよくありませ

ん。鼻の部分にワイヤーが入っているタイプでは、鼻の形に合わせてワイヤーの中央部を折り、できるだけ隙間がないようにします。適切に着けた場合は、結構息苦しく感じます。使用後のマスクを着けたり外したりするときは紐をつかむなど十分な配慮が必要です。捨てる時も、人が触れないように適切に捨ててください。

乗船前に普段の生活で気を付けることは？

　船旅を迎えるにあたって注意することは、日常での感染予防と変わることはありません。

　ウイルスの感染から発症までは数日から約2週間の期間があります。乗船前の数週間は旅行や外出を控え、他人との接触をできるだけ避けるなど、より感染予防に努めてください。また、乗船前に発熱や風邪症状などの何らかの異常がある場合は、早めに医療機関を受診し、場合によっては旅行を取りやめるなどの決断も必要です。また、船会社に連絡をいただければ、規定に基づいた方針をお知らせします。かかりつけの医療機関がある場合は、あらかじめ船旅に出ることを申し出ておくのもよいでしょう。

クルーズ中に気をつけるべきこと

1：自室、飲食中および入浴時を除き、乗船中はマスクを必ず着用

2：乗下船時、レストランの入場時、イベント参加時などこまめに手指消毒を（全客室、船内各所に手指消毒用アルコールを設置）

3：定期的な体温測定

4：室内のごみの分別（マスク、ティッシュなどは特に注意）

5：船内外問わず、人と人との間に十分な距離（可能な限り2メートル以上、最低1メートル以上）を保つ

6：不要不急な客室間の行き来を控える

7：乗船中に発熱、咳、呼吸困難、全身倦怠感、咽頭痛、関節・筋肉痛、下痢、嗅覚・味覚の異常など、体調がすぐれない場合は速やかに船医の診察を受ける

photo by Taku Tanji

2021年、どのクルーズでハッピーに？ | 日本客船スケジュール

2021 Japanese Cruise Ship Schedule

2021年春頃までのスケジュールが発表されている日本客船。
新しい年、まずは身近な日本の船旅に出かけませんか。

ASUKA Ⅱ | 飛鳥Ⅱ

日程	泊数	航程	料金
1/2〜1/4	2泊3日	横浜〜横浜（新春 ゆったりクルーズ）	176,000円〜
2/1〜2/4	3泊4日	横浜〜清水〜四日市〜横浜（横浜 結航路 駿河・四日市クルーズA）	252,000円〜
2/4〜2/7	3泊4日	横浜〜高知〜神戸（春めく高知・神戸クルーズ）	168,350円〜
2/7〜2/9	2泊3日	神戸〜神戸（神戸発着 春の音クルーズ）	117,600円〜
2/9〜2/12	3泊4日	神戸〜細島〜高知〜神戸（神戸 結航路 日向・土佐くろしおクルーズ）	176,400円〜
2/12〜2/14	2泊3日	神戸〜長崎（神戸発 春節 長崎ウィークエンドクルーズ）	123,200円〜
2/15〜2/18	3泊4日	長崎〜鹿児島〜神戸（長崎発 早春の薩摩・神戸クルーズ）	168,350円〜
2/18〜2/20	2泊3日	神戸〜横浜（神戸発 早春の神戸・横浜クルーズ）	112,350円〜
2/20〜2/23	3泊4日	横浜〜新宮〜清水〜横浜（横浜 結航路 熊野・駿河ウィークエンドクルーズ）	184,800円〜
2/23〜2/25	2泊3日	横浜〜四日市〜横浜（早春の四日市クルーズ）	117,600円〜
2/25〜2/28	3泊4日	横浜〜別府〜神戸（きさらぎの別府・神戸クルーズ）	168,350円〜
3/1〜3/4	3泊4日	名古屋〜高知〜名古屋（名古屋発着 高知・ひな祭りクルーズ）	176,400円〜
3/4〜3/6	2泊3日	名古屋〜小松島（徳島）〜神戸（名古屋発 早春の阿波・神戸クルーズ）	112,350円〜
3/6〜3/10	4泊5日	神戸〜日南〜別府〜神戸（神戸発着 やよい日南・別府クルーズ）	331,000円〜
3/10〜3/12	2泊3日	神戸〜東京（神戸発 春うらら神戸・東京クルーズ）	112,350円〜
3/12〜3/14	2泊3日	東京〜東京（JAZZ ON ASUKA Ⅱ with BLUE NOTE TOKYO）	184,000円〜
3/14〜3/18	4泊5日	東京〜大船渡〜宮古〜横浜（春の三陸 大船渡・宮古クルーズ）	331,000円〜
3/19〜3/21	2泊3日	神戸〜細島（日向）〜神戸（神戸発着 春の日向ウィークエンドクルーズ）	123,200円〜
3/21〜3/23	2泊3日	神戸〜横浜（神戸発 春うらら神戸・横浜クルーズ）	112,350円〜
3/23〜3/26	3泊4日	横浜〜清水〜四日市〜横浜（横浜 結航路 駿河・四日市クルーズB）	176,400円〜

●問い合わせ：郵船クルーズ
https://www.asukacruise.co.jp

※2020年11月20日現在の情報です。　スケジュールは変更することがあります。　代金は1室2名乗船時の1名のものです。

NIPPON MARU | にっぽん丸

日程	泊数	航程	料金
1/2～1/5	3泊4日	横浜～鳥羽～横浜（初春の宝船 にっぽん丸クルーズ～スペシャルエンターテイメント～）	169,000円～
1/11～/1/13	2泊3日	東京～別府（＆クルーズ～東京／別府～）	86,000円～
1/17～1/19	2泊3日	神戸～清水～神戸（神戸発着 にっぽん丸 Luxury）	149,000円～
1/20～1/22	2泊3日	名古屋～高松～名古屋（名古屋発着 こんぴらさんクルーズ）	99,000円～
1/23～1/25	2泊3日	横浜～清水～横浜（横浜発着 にっぽん丸 Luxury）	149,000円～
3/29～3/31	2泊3日	神戸～油津～神戸（神戸発着 にっぽん丸 春の宴クルーズ）	99,000円～
4/29～5/8	9泊10日	横浜～佐伯～宗像～舞鶴～輪島～秋田～登別～横浜（ゴールデンウィーク 日本一周クルーズ）	498,000円～
6/4～6/6	2泊3日	金沢～輪島～金沢（金沢発着 輪島クルーズ）	101,000円～
7/31～8/2	2泊3日	横浜～（青ヶ島周遊）～横浜（夏旅にっぽん丸～青ヶ島周遊～）	104,000円～
8/2～/8/7	5泊6日	横浜～秋田～青森～横浜（東北夏祭りクルーズ）	278,000円～
8/7～8/10	3泊4日	横浜～八丈島～横浜（にっぽんの楽園クルーズ）	177,000円～
8/11～8/16	5泊6日	横浜～下関～徳島～横浜（関門海峡・阿波おどりクルーズ）	281,000円～
8/17～8/19	2泊3日	四日市～徳島～四日市（夏休み 熊野大花火大会と徳島クルーズ）	117,000円～
8/20～8/22	2泊3日	横浜～横浜（にっぽん丸 夏のオペラクルーズ 藤原歌劇団公演 歌劇「蝶々夫人」G.プッチーニ作曲 原語上演・字幕付き～）	110,000円～

●問い合わせ：商船三井客船
https://www.nipponmaru.jp

PACIFIC VENUS | ぱしふぃっくびいなす

日程	泊数	航程	料金
1/9～1/11	2泊3日	神戸～別府～神戸（新春 別府 瀬戸内海クルーズ）	122,000円～
1/15～1/18	3泊4日	大阪～（瀬戸内海クルージング）～鹿児島～大阪（新春 薩摩 瀬戸内海クルーズ）	170,000円～
1/19～1/21	2泊3日	神戸～油津～神戸（新春 日南 瀬戸内海クルーズ）	112,000円～
1/22～1/24	2泊3日	名古屋～館山～（熱海海上花火船上観賞）～名古屋（熱海花火 南房総クルーズ）	108,000円～
1/25～1/27	2泊3日	東京～四日市～東京（新春 伊勢 四日市 きらきらクルーズ）	112,000円～
1/28～1/31	3泊4日	横浜～高松～日高～横浜（讃岐 高松・紀州 日高クルーズ）	174,000円～
2/1～2/3	2泊3日	横浜～蒲郡～横浜（洋上の楽園クルーズ～JAZZ & FRENCH Nights～）	112,000円～
2/4～2/6	2泊3日	東京～新宮～東京（早春の南紀クルーズ）	108,000円～
2/7～2/10	3泊4日	名古屋～日高～高松～名古屋（紀州 日高・讃岐 高松クルーズ）	166,000円～
2/11～2/14	3泊4日	神戸～高知～下関～神戸（土佐 高知・長州 下関クルーズ）	172,000円～
2/18～2/21	3泊4日	神戸～松山～別府～神戸（伊予 松山・湯けむり別府クルーズ）	170,000円～
2/22～2/25	3泊4日	大阪～油津～あしずり～大阪（早春の日南 あしずりクルーズ）	166,000円～
2/26～2/28	2泊3日	大阪～清水～大阪（早春の駿河クルーズ）	116,000円～
3/1～3/4	3泊4日	大阪～蒲郡～館山～大阪（春先取り 南房総・三河クルーズ）	166,000円～
3/6～3/9	3泊4日	横浜～蒲郡～四日市～横浜（春先取り 伊勢 四日市・三河クルーズ）	170,000円～
3/10～3/12	2泊3日	横浜～新宮～横浜（春の南紀クルーズ）	112,000円～
3/13～3/15	2泊3日	横浜～（鳥島・孀婦岩・伊豆諸島沖航行）～横浜（鳥島・孀婦岩・伊豆諸島クルーズ）	116,000円～
3/16～3/18	2泊3日	名古屋～（鳥島・孀婦岩沖航行）～名古屋（婦岩・鳥島クルーズ）	112,000円～
3/19～3/22	3泊4日	名古屋～尾道糸崎～あしずり～名古屋（春の瀬戸内・あしずりクルーズ）	170,000円～
3/23～3/26	3泊4日	横浜～大船渡～宮古～横浜（春の東北 三陸クルーズ～大船渡・宮古～）	166,000円～

●問い合わせ：日本クルーズ客船
https://www.venus-cruise.co.jp

CRUISE for HAPPINESS!

2

Memory of Cruise
Special Contribution Teruhisa Kitahara

クルーズで感じる いくつもの幸せ

本誌連載でもおなじみの北原照久氏が、
昨年乗った船旅を思い出して考えたこととは？

きたはら・てるひさ
——
株式会社トーイズ代表取締役として、
ブリキのおもちゃ博物館などで
常設展示を行う。

昨年、2泊3日で飛鳥Ⅱの旅を楽しみました。

僕は、船上講演をしたのですが、家族やスタッフ、お誘いした方々もあったので、皆一緒に同じ時空を過ごし、心から楽しめました。ショーがあり、ジムや図書館も利用して、思い出しても楽しかったとしか言いようのない充実感でした。

船旅は何といっても非日常なところが魅力です。これ以上は経験できないであろうおもてなしは、まさに至れり尽くせり。素晴らしいサービスに接し、多彩な食事をいただいて過ごしていると、ふと船に乗っていることを忘れるくらいなのですが、デッキに出ると大海原に囲まれて、新鮮な感動にも包まれます。

家族や仲間はもちろん、船内で出会った方々とも同じクルーズに参加したという仲間意識が深まって、下船したあとにも共通の思い出話に盛り上がり、ずっと前から仲間だったように感じる出会いもあるのです。

人生は出会いです。クルーズは良い出会いに最適な場だと思っています。

1_飛鳥Ⅱのギャラクシーラウンジで講演中のシーン。2_ホームグラウンドでもある横浜の港を飛鳥Ⅱから眺める。3_スモーキングラウンジでくつろぐ（2019年撮影）。

北原照久

おもちゃコレクター

text by Teruhisa Kitahara

2021年、
徐々に運航再開される
外国客船。

ハッピークルーズを楽しむための各ブランドの情報をお届け。

p36. PONANT
南フランスクルーズ

p40. REGENT SEVENSEAS CRUISE
セブンシーズスプレンダー

CRUISE
STYLE
2021

2021年ハッピーになれる
外国船クルーズ23

≫計画したい日本発着の船旅

≫注目の新造船、新ブランド

≫自然や海、川を体感する

≫地中海、欧州の船旅

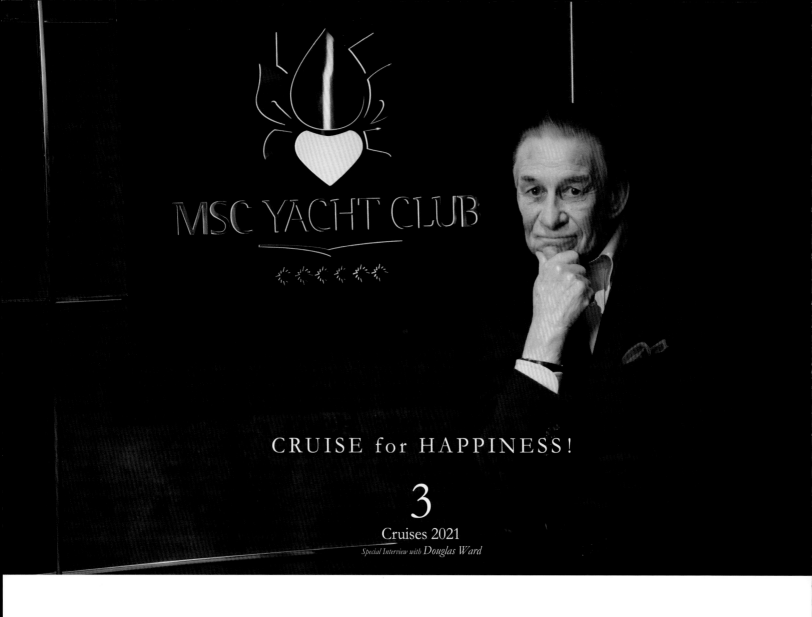

CRUISE for HAPPINESS!

3

Cruises 2021

Special Interview with Douglas Ward

ダグラス・ワードが語る

最新のクルーズ業界と
再開後の乗船体験

クルーズ評論家のダグラス・ワード氏は
2020～2021年のクルーズ業界をどう考えるのか？
再開後のクルーズ体験も含めて伺った。

**2021年のクルーズ業界の動向についてど
う思われますか？**

　新型コロナウイルス感染症（COVID-19）
流行の大きな影響として、クルーズ客船
の運航中止が長期化したことが挙げられ
ます。クルーズ会社はコスト削減や人員
削減を余儀なくされ、財務面でも大幅な
引き締めを余儀なくされました。その結
果、いくつかのクルーズ会社は船隊を縮
小したり、他のブランドに船を移籍したり、
効率の悪い古い船を廃船にしたりしまし
た。中には完全に廃業してしまった中小
企業もあります。コロナ禍の影響は少な
くとも今後2～3年は続くでしょう。大型
客船の受注が続く一方で、比較的小さめ

の客船で密にならない環境を好む乗客
が増えているため、小型の探検型船の受
注が増加しています。

　2021年の初頭、欧米の船会社が最新
のガイドラインの下でクルーズを徐々に再
開を始める予定です。いくつかの港は再び
オープンするでしょうが、徐々に、厳格な健
康プロトコルが敷かれた状態で再開する
はずです。おそらくクルーズの中での最
大の変化は、ショアエクスカーション（寄
港地観光）だと思います。少人数のグル
ープで慎重に管理された観光を望むこと
になるので、エクスカーションはコストの
増加により、より高価なものになるでしょう。
また、クルーズが本格化するにつれ、乗客

ダグラス・ワード

英国サウサンプトン在住の客船評論家。
1985年より、世界のクルーズ客船の
詳細なレーティングガイド
『Cruising & Cruise Ships』を
ベルリッツ社から出版。

Douglas Ward

クルーズ評論家

レストランやラウンジの座席では、ソーシャルディスタンスを確保。

マスクをしても、スタッフの親切さは変わらず。

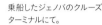

乗船したジェノバのクルーズターミナルにて。

ショーのエンターテイナーたちも舞台以外ではマスクを。

が直面する大きな課題の一つは、乗船港にどうやって到着するかということです。航空会社は運航便を減らしており、現状では欠航が起きやすい状況にあります。

2021年に注目している新造船は？

2021年に引き渡しが予定されている新造船は多いですが、2020年にデビュー予定だった船が、2021年に延期されている客船もあります。

2021年にデビュー予定の新造船は30隻以上。その中でも、特に気になるのは、200人乗りの「クリスタルエンデバー」(クリスタルクルーズ)、270人乗りの「ルコマンダンシャルコー」(ポナン)、378人乗りの「バイキングオクタンティス」(バイキングエクスペディションズ)などのユニークな探検船です。また、セイルクルーズでは、280人乗りのゴールデンホライゾン(トレードウインズクルーズ)と136人乗りの帆船シークラウドスピリット(シークラウドクルーズ)の2隻が登場します。

9月、クルーズ再開後のMSCグランディオーサに乗船した感想は？

9月下旬の1週間の滞在中に見たMSCグランディオーサの印象はとても良く、満足しています。乗船前の準備としてリスクの高い国からの乗客(私のような英国出身者)は、PCR検査を受け、問診票に記入しなければなりません。手荷物は乗船前に消毒されています。乗船後は、各キ

ャビンにマスクが用意されており、必要に応じて交換します。手指消毒ステーションは全てのパブリックスペースの入り口に設置されており、特にフードエリアに設置されています。メニューはスマートフォンから見るQRコード形式で提供されていましたが、紙のメニューも用意されました。カトラリーはコースごとにテーブルに運ばれてくるか、ウエイターが必要に応じて、パンや必要な調味料を用意します。以前はセルフサービスだったビュッフェはセルフサービス方式ではなくなりました。ウイルス対策のため何も触ることはできず、全ての食べ物はプラスチックか紙で包まれて提供されます。

ショーは事前に予約制になっていました。ショーラウンジの座席は減らされ、間隔を空けて座るようになっています。カジノでは、座席が減らされ、定期的にチップの消毒が行われ、カードも頻繁に交換されていました。全体的な印象としては、健康管理が行き届いていると感じました。実際、船内は、自分の家を除いた陸上の施設よりも安全性が高いと感じました。

クルーズ業界はどのように復活していくでしょうか？

クルーズ業界は より多くの船、港、目的地が、さまざまな国際機関が要求する全ての新しいガイドラインと健康プロトコルの下で対策を整えて、徐々に再開されま

す。国をまたぐ海外クルーズについては2021年春くらいまでは難しいと思われます。航空会社が国際路線を復活させ、船員の労働許可証が取得しやすくなるまでは、多くの国から船員を雇うことは困難でしょう。最終的には、クルーズがどのように立ち直るかは、乗客の信頼感と需要、そしてクルーズ会社、サプライヤー、関係者全員が期待に応えることができるかどうかによって決まるでしょう。

次の著書「クルージング&クルーズシップス」はどうなりますか？

私が出版する本での客船のレーティングは、各クルーズ会社が対処している健康プロトコルに関連する内容を含んでいます。例えばソーシャルディスタンスの対策、環境効率、およびデザイン、レイアウトやフローなど、クルーズに関連する「新しい生活様式」を他の評価ポイントと同様に、留意する必要があります。次の版に載せる船の情報は大幅に更新させる必要があるので、より忙しくなりますね。

あなたにとって「ハッピークルーズ」とは何ですか？

私にとってのハッピークルーズとは、クルーズ体験に関わる全てのことがシームレスに機能し、ホスピタリティが情熱とプロ意識を持って実践されていることです。当然のことながら、COVID-19の心配のない体験でなければなりません。

interview by Nami Shimazu, photo by Douglas Ward

1

PONANT | ポナン

変わらぬ
南フランスクルーズ

9月12日〜19日まで、南フランスで
ポナンのルリリアルに乗船。
まだ海外に行く日本人が少ない時期、
思い切って出かけたヨーロッパへの
フライ&クルーズの模様をリポートする。

文・写真=東山真明
photo & text by Masaaki Higashiyama

今年はコロナ禍、ほとんどの外国客船はずっと止まったままだ。動かそうにも動かせない。過去経験のない辛い時期が今も続いている。出口が見えないわけではない。日本の船は11月からようやく動き出し、外国でもごく一部ではあるが動いている船があった。その一つ、フランス船社ポナンは、ニース発着のコルシカ島周遊クルーズを2カ月程度の期間行った。これに乗ってみようと決心し、準備を整えた。まず日本を出発前に都内の医院でPCR検査、その陰性結果を持参することで飛行機に乗ることができ、クルーズ船に乗ることができる。

乗船日の朝、ホテルからニースの港の方へ歩き出す。9月のニース、バカンスシーズンの終わり掛け、明らかに訪れている人が少ない。お気に入りの散歩道、マセナ広場から旧市街を通ってニースの港へ。品の良いグレーの船体、フランス船社ポナンの1万トンクラス、「ルリリアル」が停泊していた。午後、あらためて乗船のため港へ向かう。到着するとまず検温、そして乗船手続きの際にPCR検査の陰性

証明書提出を求められる。この航海の船客は定員の半分、120名。ほとんどがフランス人、ロシア人2名、ドイツ人2名、日本人1名。船客は1組ずつギャングウェイへ誘導され、キャプテンが丁寧に迎える。乗船してすぐのレセプションエリア、船のスタッフは全員透明のシールド上のものを顔にかぶっている。何とも言えない違和感、しかしそれを受け入れるしかない。もう変わってしまったのだ。

夕刻、ニースの小さな港を出港、午後7時を過ぎていただろうか、絶妙な夕暮れの中穏やかな淡い紫色の海へ滑り出した。

船客の大半はフランス人、フランス語は素敵なサウンドの言葉だ。そして大声で話す人がいない。それでもこれから始まるクルーズにワクワクしているのが伝わってくる。

メインダイニングでのディナー、席数は大幅に減らされていた。船客も少ないため、ゆったりと好きな場所で食事する。フランス人が好むメニュー、例えばステーキタルタル、ラムのグリル、キヌアのサラダはもちろん、フォアグラやロブスターと上品

1_フランス人にはバカンスの歴史がある。人生を楽しむために、旅へ。 2_夕暮れのニースを出港するルリリアル。コルシカ島へ向かう。 3_いつもと変わらないフランス船の優雅なランチ。プールサイドのテラス席で。 4_ロブスターとアスパラガスの前菜。いつもよりレベルの高いディナー。 5_ウェルカムパーティー。レミ・ジェネバス船長はいつもの穏やかな語り口。 6_コルシカ島の小さな街、サンフロランで出会った街の日常。

2

3

4

5

6

1_バカンスのシーズン、フランス人は外の席を好む。 2_プレステージスイート。リビングとベッドルームが分かれた贅沢な部屋。 3_クルーズが再開し、陽気なクルーが帰ってきた。それだけでうれしくなる。

2

3

SHIP DATA

船名：ルリリアル
運航会社：ポナン
総トン数：10,700トン
全長／全幅：142／18メートル
乗客定員／乗組員数：244／140名
就航／改装年：1990／2020年
問い合わせ：マーキュリートラベル
http://www.mercury-travel.com/cruise

に使った美しいお料理、プールサイドでのランチでは、生ガキとロゼワイン、少し塩を利かせたボルディエのバター、何も変わっていなかった。よかった。クルーズ2日目の夜、プールサイドでのウェルカムパーティー、キャプテンが「イングリッシュスピーキングが5人しかいないので、申し訳ないがフランス語だけのスピーチにさせていただけないか？」とわざわざ伝えに来る。もう10年来の知り合い、初めてポナンの船に乗った時の船長、レミ・ジェネバス。

　訪れたコルシカ島の寄港地、アジャクシオを除いて全て錨泊、テンダーでの上陸。フランスにもこんなに美しい海で泳げる場所があるのか、という発見もあり、コルシカ南端のボニファシオは白い崖の間に奇麗な入江があって崖の上には寄り添うように家が立ち並ぶ。その光景はいつも不思議だ。趣味で始めたゴルフ、ボニファシオの名門コース、スペローネへ行った。海沿いの複雑な地形を利用した美しくも難コース。クルーズとゴルフ、また新しいクルーズの楽しみを見つけた。

フランス船の船上、ディナーの前にラウンジでイベリコハムやキャビアのテイスティング、クレープシュゼットのアフタヌーンティーなど、フランス船ならではの楽しみが用意されている。

　ふと考えた。コロナ禍のクルーズ、今回乗船したようなスモールシップは船客も少なく、客室は全てフレッシュなエアを取り込めるバルコニー付き。安心を感じることができた。数千人が乗船する大型船はどうするのだろうか？　求められる感染症対策がスモールシップとは全く異なるであろう。

　今回、印象的だったのはフランス人船客のマイペース感。コロナの悲惨な状況も「長い人生にはそんなこともあるものさ」といった感じで軽く受け流している。この状況でもバカンスは大切で、夫は妻と語り合い、友人と楽しくおしゃべりする。そう、何もかもが終わったわけではない。人生は長くこれからも続く。船はやがて動き出す。少々様式は変わるだろうが、船旅はまた楽しむことができる。その時を静かに待とうと思う。

4_コルシカの南端、サンタマンツ
ァヘゾディアックボートでウエット
ランディング。 5_フランス人のバ
カンスはマイペースでゆったりとし
ている。 6_サンタマンツァでアク
アビクス。先生も生徒も、力が抜
けた感じがいい。 7_コルシカで
最もクルーズ船が寄る港、カルヴ
ィの少し高台の城塞。

4

5

6

7

「新時代の海外クルーズ」を楽しむための提案

こんな海外クルーズにトライしてみては？

1
**大都市以外から
出港するクルーズ**

例えば、クロアチアのドブロブニクから乗船、マル
タのバレッタから乗船。乗船地が知らない街でワク
ワク、訪れたことがあったとしても、2泊ぐらいして
ゆっくりと探索してみる、途中寄港の半日では見え
てこなかったその街の魅力が見えてきます。

2
**クルーズの
最先端トレンド、
ヨットスタイルの
船に乗る**

自身がその船のオーナーであるかのようなプライ
ベート感覚あふれる究極の船旅、ヨットスタイルは
今の時代に適した船です。少ない船客、広めの客
室、質の高い食とサービス、そして心からのリラック
スが期待できます。

3
ゴルフ＆クルーズ

海外の名門ゴルフコースをクルーズ船で訪れます。
フロリダ、カリブ海、地中海、スコットランドなどの
クルーズに行き、クルーズ中に2〜3回プレイする。
漠然と寄港地を観光するのではなく、ゴルフという
テーマ性を持った船旅を楽しんでみましょう。

外国客船クルーズの新しい楽しみ方

1
**アウトサイドでの
食事を楽しむ**

フランス人のバカンスのように、船上でも、外の席
で食事を楽しんでみましょう。ヨーロッパは湿度も
低く快適、フレッシュエアが絶えず流れる心地よさ
を感じることができます。メリットの多いテラス席の
魅力を見直してみては？

2
**外国人船客と
友人になる**

バーで隣り合った人、テンダーボートに乗り合わせ
た人などに、片言の英語で話しかけてみましょう。
いろいろな国の人の違う生活様式、習慣、それを聞
くだけで楽しい！ そして自身のことや日本のこと
も教えてあげると興味深く聞いてくれます。

3
**船で食べた料理を
自宅で作ってみる**

例えばスズキのポワレ、身は絶妙な火加減、皮は
カリッと焼く。付け野菜にズッキーニとういきょうを
ソテー。日本の魚や野菜は質が素晴らしいので、自
宅で作るともっと美味しくなることもあります。そし
て船旅の思い出も蘇ってきます。

姉妹船エクスプローラーと比べると少し落ち着いたカラートーン。だが、十分に非日常を味わえるプライベートスパ。

REGENT SEVEN SEAS CRUISES │ リージェントセブンシーズクルーズ

ラグジュアリーを
越えていくもの。
セブンシーズ スプレンダー

黒を基調とした大理石で彩られた
洋上最大規模のプライベートスパを持つ
リージェントスイートなら
最上級の幸せが待っているはずだ。

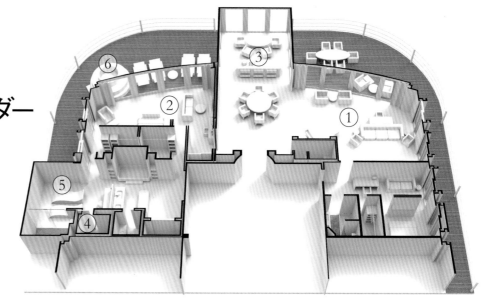

文・写真＝茂木政次
text & photo by Masatsugu Mogi
Regent Seven Seas Cruises

4　Sauna
サウナ
欧米でもサウナ人気が高まっていることが設置の背景という。サウナも専用というのが何ともラグジュアリー。

3　Bar
インルームバー
海にせり出したようなバーでお好みのお酒をお気に召すままバトラーにオーダー。オールインクルーシブを最大限に活用できる。

1　Living Room
リビングルーム
グランドピアノも配され、プライベートバルコニーと合わせてパーティールームとして使うのに最適な空間。

5　Spa
スパ
セラピストを部屋に招いて、いくつかのプランからお好みのトリートメントを受けることができる。

2　Master Bedroom
ベッドルーム
備え付けオーディオなども手ぬかりなく、快適に寛ぐことができる主寝室。北欧製のベッドはなんと2000万円。

6　Hot Tub
ジャグジー
デッキの上のジャグジーはただでさえ最高なのに、それを占有できる幸せがあるだろうかまさに至福の時が。

　これはスイートの中のスイートだねという声が聞こえてきた。どの船のスイートとも違うと海外のジャーナリストたちが口を揃えるセブンシーズスプレンダーのリージェントスイート。彼らのインプレッションを総合して、かつ平たく言うと「ラグジュアリーマシマシ」ということだ。専有面積が400平方メートルを越えるのだから広くて当たり前で、そのスペースを何に使うかが注目すべきところ。ベッドルーム、リビングは必要最小限に抑え（それでも広大だが）、大部分をインルームスパに振り分けているところがリージェント流。海を望むサーマルチェア、サウナ、バルコニーにはプライベートジャグジーまで用意されている。リージェントスイートならマダムが楽しみたいあれこれを、一日中一糸まとわぬ姿で楽しめるというわけだ。ムッシュの楽しみも万全で、水平線を肴に世界の酒が楽しめるインルームバーがある。ラグジュアリーを希求してやまないゲストにはこれ以上のスイートはないだろう。ラグジュアリーという言葉を越えた世界観がここにはある。

グリルレストラン「プライム7」の奥、秘密のドアで隠された専用のダイニングルーム。ルームキーが鍵となる。

1_"ヴェルサーチ"のテーブルウェアで飾られたメインダイニング、コンパスローズ。 2_ゆったりとした明るい空間で会話も和やかなディナー風景。 3_シーフードをオーダーすると綺麗にフィレの状態まで整えてくれるのはやはりうれしい。 4_ラ・ベランダの外側のデッキにあるセッテマーレも開放的で素晴らしく、クルーズ気分を楽しめる。 5_海を望む専用スタジオで開催される料理教室は連日盛況だった。

1

“ 極上の日々をサポートするスプレンダーのダイニング。 ”

2

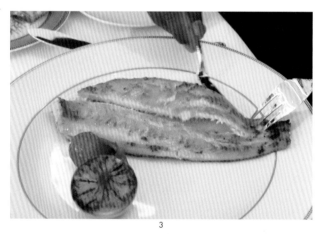

3

4

5

6_お気に入りの場所で深夜まで楽しむゲスト
たち。7_スプレンダーラウンジではヘネシーと
コラボレーションしたメニューが楽しめる。ラグ
ジュアリーシップならではの企画だ。8_天井
が高く開放的な空間でアジア料理を楽しめる
パシフィックリム。9_カジノもリージェント風に
ラグジュアリーでお洒落だ。10_プロダクショ
ンショーはもちろんだが、こういうラウンジ演奏
ミュージシャンのレベルが高いのがラグジュア
リーシップの実力。

6

7

8

9

10

レストランとラウンジがそれぞれ6カ
所。常時その数カ所で食事を楽し
めるので選択肢が多いのもスプレンダー
の魅力だ。とても1週間の乗船では、そ
の神髄を確かめることは難しいだろう。
メインダイニングとなるのが「コンパスロ
ーズ」。最近ではラグジュアリーシップに
は少なくなった威風堂々とした、いかにも
メインダイニングらしいフレンチレストラ
ン。ディナーでは5種類を超えるメインを
はじめ、その日の気分で楽しめる。選り
すぐりのクルーによる給仕が最高だ。日

本のゲストなら気になるのが「パシフィッ
クリム」。刺身からタイ風焼きそば、生春
巻などアジア各地のフュージョン料理が
楽しめる。時折、予定に組み込むと胃袋
への負担が軽減できて重宝する。食後
も魅惑のラウンジ群が手招きをしている
のだから、仮にリージェントスイートに宿
泊していたとしても、とても部屋に帰って
休む気にはなれない。だとしたらスタン
ダードスイートでも十分幸せだ。そのあ
たりをどう考えるか、それはゲスト次第と
いうことだろう。

SHIP DATA

船名：セブンシーズスプレンダー
運航会社：
リージェントセブンシーズクルーズ
総トン数：50,125トン
全長／全幅：224／31メートル
乗客定員／乗組員数：750／542名
就航：2020年
問い合わせ：
リージェントセブンシーズクルーズ
https://jp.rssc.com/

計画したい
日本発着の船旅

2021年、計画しやすいのはまず日本発着クルーズだろう。
客船が変更になりスケールアップするコスタクルーズや
大人の旅が味わえるシルバーシークルーズなど
タイプの違う船の中から自分にとってのハッピークルーズを探そう。

地方港発着クルーズが充実、
組み合わせて多様な旅を

1

COSTA CRUISES
コスタクルーズ

コスタクルーズの2021年日本発着クルーズに配船される客船は、オリンピアの神々や古代神話をモチーフにしたアートに彩られた客船「コスタセレーナ（114,500総トン）」。船内には4つのレストラン、2層のデッキを占める広いスパエリア、4つのプールとスライダー、6つのラウンジやバーなど充実。同社は地方港発着クルーズ拡充に力を入れており、2021年には従来から実施している金沢、福岡、舞鶴の発着に加え、広島や小樽発着のコースが登場している。首都圏から空路、鉄道、マイカーで訪れてクルーズするスタイルも可能。また、2021年春に宮古島発着のクルーズが開始されることが発表された。乗下船前後の旅とも組み合わせて、多様なハッピークルーズを楽しもう。

おすすめクルーズ
●コスタセレーナ
2021/5/27発　5泊 ▶広島〜別府〜長崎〜釜山〜広島（韓国・九州周遊クルーズ）2021/6/20・6/27・7/4・7/11発（金沢発の場合）　7泊▶金沢〜ウラジオストク（ロシア）、束草（韓国）、釜山〜福岡〜舞鶴〜金沢（ぐるっと3カ国クルーズ）
2021/8/12発（金沢発の場合）　4泊▶金沢〜新潟〜境港〜釜山（韓国）〜福岡
※新潟、福岡からも乗船可能（日本海満喫クルーズ）
2021/8/30発　6泊 ▶小樽〜コルサコフ〜釧路〜室蘭〜函館〜小樽（北海道・ロシア周遊クルーズ）
問い合わせ／コスタクルーズ　https://www.costajapan.com

洋上最長のLEDドームを備える
MSCベリッシマが日本へ

2

MSC CRUISES
MSCクルーズ

2021年4〜5月にMSCベリッシマが4本の日本発着クルーズを予定。洋上最長のLEDドーム、屋外ウオーターパーク、キッズ専用エリアに加え、12の国際色豊かなダイニングと20のバーを楽しめるスケールの大きな船。「船の中にある特別な船」をコンセプトにしたMSCヨットクラブでは24時間対応バトラーサービス、専用プール、ラウンジなど施設やサービスが充実。

おすすめクルーズ
●MSCベリッシマ
2021/5/15発 7泊 ▶横浜〜油津〜済州島〜広島〜松山〜横浜（美しい日本の風景九州＆瀬戸内クルーズ）
問い合わせ／MSCクルーズジャパン
https://www.msccruises.jp

3

日本の秋を巡る
シルバーミューズの日本発着

SILVERSEA CRUISES

シルバーシークルーズ

2021年、2022年も日本発着クルーズを予定しているシルバーミューズ。元々スペースに余裕のある船内や客室は時代にマッチしており、予約も好調。2021年秋のコースは、日本各地の秋の風情を感じられる船旅ができそうだ。引き渡しを完了した新造船シルバームーンでは「S.A.L.T」プロジェクトを開始予定。寄港地での市場散策や地元の有名レストランでの食事、地元食材を使った料理教室を船内の新しい施設で行うなど、食の新しい体験ができる。

おすすめクルーズ
●シルバーミューズ
2021/9/12発　13泊　▶東京〜神戸〜広島〜清水〜金沢〜新潟〜秋田〜函館〜東京(東京発着)
2021/9/25発　10泊　▶東京〜神戸〜長崎〜釜山〜広島〜清水〜東京(東京発着)
2021/10/5発　11泊　▶東京〜大阪〜長崎〜釜山〜広島〜名古屋〜清水〜東京(東京発着)
問い合わせ／シルバーシークルーズ
https://www.silversea.com

「ミュージックウォーク」で音楽三昧のクルーズを

HOLLAND AMERICA LINE

ホーランドアメリカライン

4

2021年、ホーランドアメリカラインとしては初の秋の日本発着クルーズを実施。途中ロシアに寄港しながら秋の美しい日本を九州から北海道まで一度に楽しめる。クラシック、ブルース、ビルボードチャートで人気の曲など3つの違ったタイプの音楽を楽しむ「ミュージックウォーク」をザーンダム、フォーレンダムを除く全船に導入完了した。ピナクルクラスの3隻はこの3つに加え「ローリングストーンロックルーム」もあり、音楽三昧のクルーズライフを味わえる。

おすすめクルーズ
●ノールダム
2021/10/11発　14泊　▶横浜〜清水〜神戸〜高知〜鹿児島〜佐世保〜境港〜終日航海〜ウラジオストク〜終日航海〜函館〜青森〜宮古〜終日航海〜横浜(横浜発着　日本＆ロシア)
問い合わせ／オーバーシーズトラベル
http://www.cruise-ota.com/holland

注目の新造船、新ブランド

目玉の一つは、新たな探検航路を開拓できると話題の
ポナンが就航させる初のハイブリッド極地探検船。
カーニバルの船内がゾーンに分かれた新造船など
2021年はユニークな客船も登場。

5

初のハイブリッド極地探検船
ルコマンダンシャルコー就航

PONANT
ポナン

2021年のポナンでは、LNGと電気の初のハイブリッド極地探検船「ルコマンダンシャルコー」が就航。コロナ禍でも建造を継続し、当初予定の1カ月ほど遅れでの就航を予定している。北極点へ向かうコースが目玉で、日本人ナチュラリストが乗船するクルーズも設定。北極点のほかグリーンランド北東部、次の南極シーズンではウェッデル海、ロス海など未踏のエリアへのクルーズを計画。また、日本発着クルーズも2021年春は「ルラペルーズ」、秋は「ルソレアル」で予定。同社は船内での徹底した衛生対策の実施、乗船者のスクリーニングなど独自の公衆衛生プロトコルを「3つの盾」として掲げ、いち早く運航を再開している。

> おすすめクルーズ
> ●ルコマンダンシャルコー
> 2021/8/23発　15泊 ▶ロングイヤービーエン〜スピッツベルゲン〜北極点〜北西グリーンランド〜レイキャビク〜（北極点到達クルーズ）
> 2021/11/19　14泊 ▶ウシュアイア〜ドレーク海峡〜デタイユ島〜ガレット〜ブルクワパ島〜デタイユ島〜ガレット〜ワーディー湾〜シャルコー島〜ピーター島
> 問い合わせ／ポナン　http://www.ponant.jp

テーマ別の6つのゾーンがある新造船マルディグラ

CARNIVAL CRUISE LINE
カーニバルクルーズライン

6

カーニバルクルーズ初の18万トン級「マルディグラ」がデビュー。テーマ毎に6つのゾーン（グランドセントラル、フレンチクーター、ピアッツア、サマーランディング、リド、アルティメイト・プレイグラウンド）に分かれた船内施設が斬新。洋上初となるエメリル・ラガッセ監修のビストロをはじめバラエティーに富んだ食事を提供し、洋上初のローラーコースター"BOLT"を搭載。スイートカテゴリーを大幅に増加、客室の選択枠が広がっている。

> おすすめクルーズ
> ●マルディグラ
> 2021/2/6発ほか　7泊 ▶ポートカナベラル〜コズメル〜コスタマヤ〜マホガニーベイ〜ポートカナベラル（西カリブ海クルーズ 7泊8日）
> ●カーニバルラディアンス
> 月・木・金発（2021/4/26発〜）　4泊 ▶ロングビーチ〜カタリナ島〜エンセナーダ〜ロングビーチ（バハ・メキシコクルーズ）
> 問い合わせ／アンフィトリオンジャパン
> http://www.amphitryon.co.jp

7

大人のクルーズブランドが
オールインクルーシブに

SAGA
サガ

サガは50歳以上限定の大人のためのクルーズブランド。2021年就航の新造船「スピリットオブアドベンチャー」は、全室バルコニー付き、全体の15%がシングルキャビン。2021年に全てのクルーズがオールインクルーシブとなり、よりハッピーなクルーズができるだろう。チップ、送迎、Wi-Fiに加えて、レストランやバーでワイン、ビール、ソフトドリンク、スピリッツ（指定銘柄）が無料となる。11/15発はヒースロー空港から乗船港への送迎付き。

おすすめクルーズ
●スピリットオブアドベンチャー
2021/11/5　5泊 ▶サウサンプトン～エイマンデン（アムステルダム）～ゼーブルージュ～シェルブール～サウサンプトン
●スピリットオブディスカバリー
2021/8/2　13泊 ▶サウサンプトン～ニューカッスル～エディンバラ～カークウォール～アラブール～ベルファスト～マン島～ダブリン～ポートランド島～サウサンプトン
問い合わせ／マーキュリートラベル
http://www.mercury-travel.com/saga

8

環境に優しい小型船で壮大でユニークな旅へ

ATLAS OCEAN VOYAGES
アトラスオーシャンボヤージュ

ポルトガル資本の船会社で、2021年に1隻目の「ワールドナビゲーター」が就航、2023年までに5隻が就航予定。小型客船をメインとし、最新のハイブリッド電力推進システムにより燃料消費量を従来の5分の1に抑える環境に優しい船。「スモールシップ・メガジャーニー」をテーマに、小型船ならではのユニークな寄港地を目指す。

おすすめクルーズ
●ワールドナビゲーター
2021/7/28　7泊 ▶アテネ～エフェソス～ネセバル～ブカレスト～オデッサ
2021/11/28　12泊 ▶ウシュアイア～サウスシェトランド諸島～南極半島～（皆既日食）～サウスジョージア・サウスサンドウィッチ諸島～ホーン岬周遊～ウシュアイア
問い合わせ／マーキュリートラベル
http://www.mercury-travel.com

9

メダリオンクラス3隻目の
ディスカバリープリンセス

PRINCESS CRUISES
プリンセスクルーズ

2021年に就航する「ディスカバリープリンセス」は、メダリオンクラスとして建造される3隻目であり、ロイヤルクラス最後の客船。広大な景色を楽しめる洋上最大級のバルコニーが特徴のスカイスイートを備える。

おすすめクルーズ
2021/11/3　7泊 ▶チビタベッキア～ナポリ～イラクリオン～クシャダス～イスタンブール～ミコノス～ピレウス
問い合わせ／プリンセスクルーズ
https://www.princesscruises.jp

自然や海、川を体感する

ヨットタイプの客船で潮風に吹かれたり、
リバークルーズで大河や運河を旅したり……。
クルーズだからこそ楽しめる、自然に触れる
注目の船旅を紹介しよう。

10
オーロラや皆既日食など
大自然との出会いを
HURTIGRUTEN
フッティルーテン

ノルウェーをはじめ、北極、南極地域への
クルーズを行っているフッティルーテン。
フィヨルドや氷河などの大自然に触れて心を癒
やそう。夜空を神秘的に舞うオーロラ、フィヨ
ルドの美しい風景とのコントラストを楽しむク
ルーズもおすすめ。2019年就航の客船ロアー

ルアムンセンは、燃料と電気のハイブリッドで
運航し、電気エンジンだけでも30分間の航行
が可能。静寂に包まれた大自然を体験できる。
同船で、洋上から皆既日食を観測できる希少な
コースもある。360度遮るもののない船上から
天体ショーを体験してみてはいかが。

おすすめクルーズ
●トロルフィヨルド
2021/3/16・30、10/6発ほか　14泊 ▶ドーバー〜スタバンゲル
〜オーレスン〜ブレンネイスン〜ライン〜スボルバ〜トロムソ〜ノ
ースケープ〜ホニングスボーグ〜フィンネス〜クリスチェンスン〜
モルデ〜ベルゲン〜ドーバー（オーロラとフィヨルドクルーズ）
●ロアールアムンセン
2021/11/24発　17泊 ▶プンタアレナス／サンチャゴデチリ〜南
極大陸〜南オルケニー諸島〜フォークランド諸島〜プンタアレ
ナス／サンチャゴデチリ（プンタアレナス発着　皆既日食クルー
ズ）
問い合わせ／フッティルーテン
https://www.hurtigruten.jp
https://www.icmjapan.co.jp/hrg

ラグジュアリーヨットで世界の海を満喫
THE RITZ CARLTON YACHT COLLECTION
ザリッツカールトンヨットコレクション

有名ホテルブランド、リッツカールトンの
高級ラグジュアリークルーズ。プライベ
ートヨットのような全室スイート仕様で、ゲスト
とスタッフの比率は、ほぼ1対1。小型船なら
ではの海を身近に感じるクルーズが楽しめる
だろう。9/29発は紅葉シーズンを迎えるカナ
ダのセントローレンス川を楽しむ小型船なら
ではのコース。

11

おすすめクルーズ
●エブリマ
2021/8/14発　7泊 ▶ローマ〜
リボルノ〜ポルトフィーノ〜モン
テカルロ〜ローマ（地中海）
2021/9/29発　11泊 ▶ボストン
〜バーハーバー〜ハリファック
ス〜シャーロットタウン〜サグ
ネイ〜ケベックシティ〜モントリ
オール（ニューイングランド）
問い合わせ／インターナショナ
ル・クルーズ・マーケティング
https://www.icmjapan.co.jp/
ritzcarltonyachtcollection
マーキュリートラベル
http://www.mercury-travel.
com/ritz-carlton

12

世界最大級の帆船で
エーゲ海の島々を巡る
STAR CLIPPERS
スタークリッパーズ

2021年は、世界最大級の帆船ロイヤルク
リッパーが久しぶりにエーゲ海へ。お
なじみのギリシャの島を巡るのではなく、エー
ゲ海を東へ東へと進み、トルコ領に近いカステ
ロリゾ島沖に錨を下ろす。その後、トルコのフ
ェティエやハルキ島、ミロス島など、風を受けて
ゆったりと進み、知られざる美しい島々をクル
ーズ。

おすすめクルーズ
●ロイヤルクリッパー
2021/7/27発　7泊 ▶ピレウス／アテネ〜カステロリ
ゾ島〜フェティエ〜シミ島〜ハルキ島〜ミロス島〜
ピレウス／アテネ（東エーゲ海　ドデカニス諸島）
問い合わせ／メリディアンジャパン
https://starclippers.jp

リニューアルの3隻が就航、
小型船で自然を楽しむ

WINDSTAR CRUISES
ウインドスタークルーズ

2021年、ストレッチ工事を完了する3隻（スターブリーズ、スターレジェンド、スタープライド）がデビュー。船体中央を切断し、25.5mの新胴体を追加し、客室が50室増えるほか、2カ所のレストランが追加され、公共エリアもリニューアル。ウインドスターではタヒチ、中南米、アラスカなど自然豊かなエリアのクルーズがおすすめ。船尾のウオータースポーツプラットフォームがオープンする日に、無料のマリンアクティビティを楽しむのもいい。

おすすめクルーズ
●ウインドスピリット
2021/11/29発　10泊　▶パペーテ～ファカラバ～ランギロア～タハア～ボラボラ～フアヒネ～モーレア～パペーテ（タヒチクルーズ　ソシエテ諸島＆ツアモツ諸島）
●スターレジェンド
2022/1/29発ほか　7泊　▶プエルトカルデラ～ケポス～ドゥルセ湾～パリダス島～バルボア/フエルテアマドール～コロン（コスタリカ＆パナマクルーズ）
●スターブリーズ
2021/6/13発ほか　11泊　▶スワード～ケナイフィヨルド国立公園～トレーシーアーム～ヘインズ～ジュノー～ランゲス～ミスティフィヨルド～ケチカン～インサイドパッセージ～バンクーバー（アラスカクルーズ）
問い合わせ/セブンシーズリレーションズ
https://www.windstarcruises.jp

13

チャーターヨットで
タヒチの海を楽しむ

MOORINGS
モアリングス

自分で自由に好きなようにコースを決めながらセーリングできるチャーターヨット。スキッパーは地元の穴場を知り尽くしているので、通常では行けない無人島などにも行くことができる。家族や仲間で貸し切り、人数に合わせてヨットの大きさを選べる。スキッパーとコックが付いているので、船の操縦と食事面も全てお任せできる。

14

おすすめクルーズ
●チャーターヨット　サンプルコース：ライアテア～ボラボラ～アオパマオ川～タハア～ライアテア
問い合わせ/オーシャンドリーム
https://oceandream.co.jp/cruise/moorings

シェフがおもてなしする
バージでの運河クルーズ

EUROPEAN WATERWAYS
ヨーロピアンウォーターウェイズ

16

バージで行く運河クルーズは集合場所からの送迎、観光、食事、お酒、飲み物など、全ての代金が含まれる。シェフが地元の旬の食材、ワインやチーズでおもてなし。運河から運河へ移動、ガイドブックに載っていないような場所を観光。

15

インフィニティプールから
メコン川を眺めて

EMERALD CRUISES
エメラルドクルーズ

メコン川を運航するクルーズ会社の中でも最新鋭となる客船が登場。4層の吹き抜けメインロビーにはエレベーターが完備され、ホーチミンにて乗下船ができる希少なリバー船の一つ。船上のインフィニティプールからの眺めも見どころ。

おすすめクルーズ
●エメラルドハーモニー
毎週土曜発　（2021/3/21再開予定）7泊　▶シェムリアップ/プレッククダム～カンポントララッハ～プノンペン～～ホング～ロング～マイアンハング～サデーク～カイベー～ミトー～ホーチミン
問い合わせ/セブンシーズリレーションズ　https://www.emerald-ww.jp

おすすめクルーズ
●パナシェ
日曜発　6泊　▶クラフト～ストラスプール～ヴァルテンハイム＝シュル＝ゾールヌ～サヴェルヌ～ルツェルブール～ニドゥルヴィエ（アルザス　マルヌ運河クルーズ）
●ラベルエポック
パリ～タンレー～レザンヌ～アンシールフラン～ラヴィエール～モン・バールヴナレ・レ・ロームル～パリ（ブルゴーニュ運河クルーズ）
問い合わせ/オーシャンドリーム
https://oceandream.co.jp/cruise/european_waterways

ヨーロッパ、アジアなど 多彩な寄港地へ

行きたい場所で選ぶ？　客船で選ぶ？
ヨーロッパ、アジア、日本など
外国客船の多様なアイテナリーから
2021年のハッピークルーズ計画を。

17

クイーンエリザベス2が
7年ぶりの地中海クルーズ

CUNARD

キュナード

2021年、クイーンエリザベスとしては「7年ぶり」となる地中海クルーズが実施され、日本の祝日が2日重なっているので、旅行計画を立てやすいだろう。フラッグシップの「クイーンメリー2」でクリスマス時期のヨーロッパを旅するのもおすすめ。2022年には、クイーンエリザベスの日本発着クルーズも予定。キュナードライン公式Facebook・Instagramでは、キュナードのスコーンをはじめとしたレシピの公開や、読者参加型のキャンペーンを定期的に実施している。

おすすめクルーズ
●クイーンエリザベス
2021/9/ 20発　7泊 ▶バルセロナ〜カンヌ〜リボルノ〜アジャクシオ〜バレンシア〜バルセロナ（スペイン・フランス・イタリア）
●クイーンメリー2
2021/12/ 10発　5泊 ▶サウサンプトン〜ロッテルダム〜ゼーブルージュ（ブルージュ）〜サウサンプトン（イギリス・オランダ・ベルギー）
問い合わせ／キュナード
https://www.cunard.jp

18

海でも川でもヨーロッパの
世界遺産を堪能できる

CRYSTAL CRUISES

クリスタルクルーズ

クリスタルシンフォニーの2021/9/4発は、乗船前に世界遺産バルセロナを訪れてローマ、ドブロブニク、そしてベネチアでは停泊するため観光がしっかり楽しめる。また、夏の終わりで航空券代もセーブできるだろう。リバークルーズのクリスタルラヴェルは、ウィーン発着なので直行便もあり、ウィーンの街とドナウ川を満喫できる。

おすすめクルーズ
●クリスタルシンフォニー
2021/9/4発　8泊 ▶バルセロナ〜ニース〜チビタベッキア〜ソレント〜タオルミナ〜コルフ〜ドブロブニク〜ベネチア（ロマンシングローマ）
●クリスタルラヴェル
2021/10/10発　10泊 ▶ウィーン〜デュルンシュタイン〜メルク〜リンツ〜パッサウ〜ブラティスラバ〜ブダペスト〜ウィーン（ドナウの宝物）
問い合わせ／
クリスタルクルーズ
https://www.crystalcruises.jp

進化した最先端客船で日本発着、アジアの旅を

ROYAL CARIBBEAN INTERNATIONAL

ロイヤルカリビアンインターナショナル

2021年春、クァンタムオブザシーズは、ロイヤルカリビアン5年ぶりの日本発着クルーズを実施。船上体験を十分に満喫できるよう設定された10泊の日程。開業した東京国際クルーズターミナルから出航、最先端設備を搭載した客船を楽しもう。ボイジャーオブザシーズは、11月から3・4泊で東南アジアを旅するシンガポール発着に配船。

おすすめクルーズ
●クァンタムオブザシーズ
2021/4/5発　10泊 ▶東京〜室蘭〜函館〜秋田〜金沢〜境港〜釜山〜熊本〜東京（春の日本周遊と韓国 11日間）
●ボイジャーオブザシーズ
2021/11/8発ほか　4泊 ▶シンガポール〜ペナン島〜プーケット〜シンガポール（ペナン島・プーケット）
問い合わせ／ミキ・ツーリスト
https://www.royalcaribbean.jp

19

20

アドリア海、ギリシャの島など小型船ならではの航路へ

SEABOURN CRUISE LINE

シーボーンクルーズライン

小型船ならではの航路で、広々としたスイートから美しいギリシャの島々を眺めながらクルーズのメッカ・アドリア海へ。2021/10/9発は、世界情勢のため寄港できていなかったイスタンブールに寄港、シーボーンのシグネチャーイベントである「イブニング・アット・エフェソス」やユネスコと提携した世界遺産を満喫するクルーズ。2021年12月に1隻目の探検船「シーボーンベンチャー」、2022年に2隻目の探検船（船名未定）が就航予定。

おすすめクルーズ
●シーボーンオベーション
2021/5/1発　7泊 ▶ピレウス〜モネンバシア〜カタコロン〜バルガ〜ブリンディシ〜ドブロブニク〜ザダル〜ベネチア（ギリシャ＆ダルマチアン）
2021/10/9発　7泊 ▶ピレウス〜パトモス〜アギオスニコラウス〜クサダシ〜ミコノス〜スキアトス〜ボズカーダ〜イスタンブール（ギリシャ諸島＆エフェソス）
問い合わせ／オーバーシーズトラベル
http://www.cruise-ota.com/seabourn

21

モ・エ・シャンドン体験や
ウェルネスツアーを

OCEANIA CRUISES

オーシャニアクルーズ

客船リビエラ（マリーナ）では「ラ・レセルブ by ワインスペクテーター」で、モ・エ・シャンドンのエグゼクティブシェフ、マルコ・ファディガによる6コースのドンペリニョン体験ができる。船内のスパ「アクアマール」、ヘルシーな植物由来のメニューなどを満喫しつつ、寄港地でのウエルネスツアーに参加して、健康的なクルーズライフを。

おすすめクルーズ
●リビエラ
2021/8/19発　7泊 ▶ バルセロナを出航し、バルセロナ〜パロマデマヨルカ〜マルセイユ〜モンテカルロ〜アンティーブ〜チンクエテッレ〜リボルノ〜チビタベッキア（地中海の輝き）
問い合わせ／オーシャニアクルーズ
https://jp.oceaniacruises.com

22

改装された客船で
日本発着クルーズ

NORWEGIAN CRUISES

ノルウェージャンクルーズ

ノルウェージャンエッジプログラムの一環として2018年春に改装された「ノルウェージャンサン」は2021年秋に日本発着クルーズを予定。レストラン、ナイトライフを楽しめるラウンジなど船内施設も充実している。

おすすめクルーズ
●ノルウェージャンサン
11/9発　10泊 ▶東京〜清水〜名古屋〜大阪〜別府〜釜山〜長崎〜鹿児島〜東京（東京発着）
問い合わせ／ノルウェージャンクルーズライン
https://www.ncl.com/jp

最高評価の客船で
ヨーロッパを巡る

HAPAGLLOYD CRUISES

ハパグロイドクルーズ

就航以来『ベルリッツ・クルージング＆クルーズシップス』で連続5スター・プラスを獲得しているオイローパ2は多彩な食事と高品質なおもてなしを提供。おすすめクルーズは2021年2月15日までは早期割引5%あり。

おすすめクルーズ
●オイローパ2
2021/9/22発　8泊 ▶モンテカルロ〜アンティーブ〜ポルトフィーノ〜ポルトフェライオ〜ボニファシオ〜アルゲーロ〜マホン〜パルマデマヨルカ（モンテカルロ〜パルマデマヨルカ）
2022/6/15発　10泊 ▶ハンブルク〜ベルゲン〜ガイランゲル〜アレスンド〜ラーウィック〜カークウォール〜スカイ島〜マン島〜リバプール（ハンブルク〜リバプール）
問い合わせ／クルーズバケーション
https://www.cruisevacation.jp/hapaglloyd

23

5人が最も好きという
デッキでの時間を楽しむ日までもうすぐ。
photo by Taku Tanji

5人のオーソリティーに
ブリーフインタビュー！

長年にわたりクルーズプロダクツを手掛けてきた
旅行業界を代表する5人のオーソリティーに
今あらためて「クルーズの魅力」を聞いてみた。

CRUISE for HAPPINESS !

4

Brief Interview

with Cruise Authorities

小泉 芳弘

名鉄観光サービス クルーズセクション 部長

クルーズは、乗船する日を「待つ」のも楽しい。

2年先の乗船にもかかわらず予約好調なキュナードのクイーンエリザベス。世界で最も有名な客船に一度は乗りたいというニーズ、さらに、憧れの客船に日本から乗下船できるという付加価値にも注目されている。

いよいよ日本船は動き出しましたが、外国船の運行状況はやや不透明な状況です。このような時こそそのクルーズの楽しみ方として、先物買いではないですが、憧れの客船やご夫婦のアニバーサリー旅行などを少し先のタイミングで予約、来る乗船の夢を膨らませるというのはどうでしょう。寄港地の下調べをしたり、お洋服の準備をしたりしながら乗船前からクルーズライフを楽しむというスタイルです。こんな楽しみ方ができるのもクルーズの魅力です。特に外国船は先々のクルーズスケジュールの発表が

早いので、先の手配にはうってつけ。さらに、早めの予約の場合は料金割引や乗船特典などが多く用意されているのもクルーズならではです。当社では2022年のクイーンエリザベス日本周遊クルーズを販売開始しましたが、すでに150名を超えるお客様がご予約済みです。実際に約2年にわたり楽しい時間を持てるのも良いという声も。当社では乗船日に向けて気分が盛り上がる企画、ご案内文の送付や説明会などを順次ご用意しながら、乗船日に向けて一緒に盛り上がっていこうと考えています。

小林 敦

クルーズプラネット 代表取締役 社長

何もせず、海原を見るだけで、楽しいクルーズ。

オープン直後のカハラホテルリゾート横浜で開催されたセミナーでは、新造船シルバームーンを紹介。予想以上の反響を受け、今後もスモールラグジュアリー客船の取り組みを一層強化。

先日、9ヶ月ぶりに客船を訪れました。海原に浮かぶ不思議な感覚、ゆったり流れる時間、全てがクルーズならでは。やっぱり客船の旅は素晴らしいと再認識しました。長年、旅行の仕事に携わってきましたが、こんな感動は他ではできません。しばらくは乗船人数の制限もあり、スロートラベル派の方には今こそがチャンスでは。当社の直近の動向を見てみると、プレミアムからラグジュアリークラスの客船が目立って売れています。旅行の回数を減らしたから一回当たりの予算を増やした、混雑を避け

て安心に旅したい、などお客様の声はさまざまですがハイクオリティーな客船が注目されているのは間違いなさそうです。10月にシルバーシークルーズのセミナーを開催したのですが、参加されたお客様の9割がその場でクルーズに申し込まれ、いつにない熱気で会を終えました。価値を理解いただければ相応の価格でお申し込みされる流れはコロナ下でより顕著です。何もしないクルーズほど、乗船する客船のクオリティーが凄く大切になります。ファンはそのあたりを良く知っていますね。

齋藤 和宏

JTB クルーズ部 販売促進担当部長

食とエンタテインメント、クルーズは乗ると元気になる旅。

クルーズの魅力である食とエンタテインメントを、総合旅行会社ならではのノウハウとこだわりで一段と昇華させるという「碧彩季航」でのワンシーン。

世界中の海域で多くの客船に乗船しましたが、船旅に食の楽しみは外せないと思います。客船こそ最も食事が楽しめる旅の手段ですから。各地を周遊するクルーズは、地元の食材を伝統的なイベントとともに船内で楽しむという贅沢な体験が可能です。例えば、当社チャータークルーズ商品「碧彩季航」や「燦くる〜ず」では寄港地自治体とタイアップをし、地元の名産物や地酒をふるまう企画が好評でした。2021年も碧彩季航をはじめ4、5回のチャータークルーズを予定していますが、食とエンタテインメントにこだわった当社ならではのオリジナル企画をご案内します。神社仏閣など開運スポットや日本各地の温泉なども盛り込み、乗って元気になるウェルネスなクルーズを提供します。まずは日本船からクルーズ再開ですが、日本を周遊する外国船からも目が離せません。コロナ対策を徹底したプリンセスクルーズ、コスタクルーズ、MSCクルーズなどのカジュアル客船、シルバーシーなどのラグジュアリー客船の就航が計画されています。まずはGoToトラベル対象の日本船による国内クルーズをお得に楽しんでみてください。

松浦 賢太郎

クルーズのゆたか倶楽部 代表取締役 社長

離島に旅する「島旅」はもう一つの船旅として魅力的。

黒潮の海の幸に恵まれた海洋性亜熱帯気候の地、八丈島は島旅の旅先の一つ。東京湾竹芝港からフェリーで八丈島に行くツアーも好評。おすすめのクルーズやコラムが掲載された会員誌『ボンボヤージ』（写真左）。

以前から離島への旅を少しずつ扱っていましたが、今まさに島への旅を楽しみたい方が増えてきていると思います。そこで、ゆたか倶楽部では風光明媚な島々を旅するツアー「島旅」を本格的にスタート。最近は離島へのフェリーがリプレースされ、例えば八丈島行きの「橘丸」や小笠原への「おがさわら丸」など、スペックが向上し、より船旅が楽しみやすくなりました。弊社スタッフも国内の知られざる離島について詳しく勉強しながらオリジナルツアーを企画しています。ほとんどのツアーに添乗員が同行するのもポイントです。離島の島巡りは1日に2つの島や3つの島を巡るため、添乗員が同行し、旅程を管理することで効率よく安心してお楽しみいただけます。クルーズ船が寄港しないような小さな島への旅はまだまだニーズはあると手ごたえを感じています。2021年の「島旅」ツアーでも、日本のさまざまな島へのツアーを用意しています。ぜひホームページでチェックしてみてください。Go To Travel キャンペーン実施期間中には割引適用できるツアーもあり、お得に島旅ができます。

宮嶋 久国

郵船トラベル 一般旅行部 部長

リニューアルされた飛鳥IIは予想以上の完成度。

2021年3月までのクルーズが掲載された飛鳥IIのパンフレット。「結航路」と名付けられた3つの離れている港を結ぶコースも。郵船トラベルは長年飛鳥IIをはじめとする日本客船の取り扱い経験が豊富です。

飛鳥IIのリニューアルを楽しみにしていましたが、試乗してみたら予想した以上の完成度だと思いました。特に印象的だったのは露天風呂と和洋室です。露天風呂はお湯に浸かったときに海面が近く、まるで風呂が海に続いているような一体感を覚えました。和洋室は浴室まで洗い場が付いた日本式になっていて、こだわりを感じます。また、改装されたリドカフェ＆ガーデンの新しくなったメニューは、オリジナルバーガーやパスタなどのほか、ミニスイーツもチョイスが増えていて魅力的でした。飛鳥IIのラインアップの中でおすすめしたいのは3月14日出発の「春の三陸・大船渡・宮古クルーズ」です。2021年の春頃までは長めのクルーズは少ないのですが、これは4泊のクルーズでゆったり過ごせます。東京発、横浜着なので、2020年に開業した新しい東京港国際客船ターミナルから出航することができます。2つの寄港地があり、終日航海日もあるので、リニューアルした船内を満喫できますね。朝・晩と時間を変えて、新設の露天風呂からの景色を楽しむのもいいですね。

PAUL GAUGUIN
CRUISES

幸福の島々へ

ポールゴーギャンが愛した南太平洋の船旅

極彩色の海に魅せられ、峻険な山の頂に霊験さを知る。
画家ポール・ゴーギャンが『ノア・ノア』に記した言葉とともに、
彼の名を冠した客船「ポールゴーギャン」でタヒチの島々を巡った。

写真・文=大橋マサヒロ
photo & text by Masahiro Ohashi

By Gauguin

私は仕事を始めた。
あらゆる種類のノートや
クロッキを取った。
しかし、新鮮な燃えるような
色彩をもった風景は
私を幻惑し盲目にした。
赤や青をカンバスの
上に描いて行くのは、
全く容易な事だった！

（ポール・ゴーギャン著『ノア・ノア』より）

ボラボラ島の象徴オテマヌ山を望
むプライベートビーチでまばゆい
白砂と手付かずの海を遊び尽くす。

Day1 | Papeete

タヒチの島々を快適に巡る極上の船旅が始まる。

眩い太陽と緑に包まれた島々を、
船の客室の一面の窓から望む。
画家ゴーギャンも憧憬した南太平洋がそこにある。

まるで一流ホテルのスイートルーム並みの広さと居心地を船上で味わうことができるグランドスイート。

→

1_フレンチポリネシアの雰囲気が漂うメインダイニング「レトワール」。 2_レ・ゴギンズらによる歌と踊りでレストランやショー、寄港地のビーチでゲストを楽しませてくれる。 3_タヒチらしいアートやファブリックが華やかさを演出する。 4_船内にはポール・ゴーギャンの作品や自身の肖像画が展示されている。 5_タヒチの島々を巡るポールゴーギャンはどの島でも熱烈に歓迎される。

1

2

3

4

5

1891年4月、フランス人画家、ポール・ゴーギャンは南洋の楽園へ旅立った。

「63日間の変化ある航海の後、私たちは海のかなたに稲妻形に移動する奇怪な灯りを認めた。暗い空には、のこぎり形の黒い円錐状の山影が浮き出ている。船はモレアを回り、タヒチが見えた。数時間の後、夜はほのぼのと明け始めた。船は船首をヴィナス岬の方へ向けて、静かに環礁に近づきつつ、パペエテの水道に入った。そして、なんの船傷もなく波止場に錨をおろした。〜この島を見つめていた。これは、太古ノアの洪水に沈められた山の頂きで、わずかにその頂きの尖端だけが水面に出ているのだ」(『ノア・ノア』ポール・ゴーギャン著)

2020年2月、今、私はゴーギャンが1891年に見た景色を船上から眺めている。船の名前は「ポールゴーギャン」。129年前とさほど変わらないであろう山並みと、当時より多少は近代的になったはずのパペーテの町並みを交互に見比べる。ゴーギャンは南洋の楽園タヒチへ何を求めたのだろうか。どのような景色を見て、何を感じたのだろうか。夕暮れ間近、山の頂に虹が架かる。それを合図に客船は静かに港を離れた。その画家が残した名画の面影を追ってタヒチの島々を巡る船旅は、ワンシーンごとに異なる色彩美。情熱的な歌と踊り。南国特有の甘く、そして熱気香る空気。深い緑と紺碧の海。全ての瞬間が貴重な体験となる。

Day2 | Vairao

タヒチの人々が愛する白い花の花言葉は「私は最高に幸せ」

芳しい花の髪飾りは清らかで美しい。
花言葉通りに幸せそうに、笑顔とともに暮らす島の人々。
自然に包まれて暮らす彼らからの言葉を超えたメッセージ。

船はタヒチ島東側のバイラオに入港しようとしていた。彼方の海上では、雨雲が灰色のカーテンのように青空と山を覆っていて、その隙間を虹が彩る。なんて無垢な自然現象なのだろう。この天然のフレームの中に一体何色の色が散りばめられているか。このドラマチックな光景に、心を洗われた気がした。テラスで心地よい朝日を浴びながら朝食をいただいていると、椰子の葉と花で装飾されたボートがウクレレの演奏とともに客船へ近づいて来る。テンダーボートで港へ降り立つと、手作りの首飾りで出迎えられる。心のこもったタヒチ流のおもてなしがうれしい。

バスで近くの村の教会へ行けるというので行ってみた。教会入り口で女の子に白い花のつぼみを手渡される。その花はティアレ・タヒチという。「ティアレ」はタヒチ語で「花」の意味で、そのまま「タヒチの花」ということだ。花言葉は「私は最高に幸せ」。花を渡すことによって無事を祈るという意味が込められている。タヒチの人々は、今でもティアレの伝説に敬意を払っていて、シンプルな白い花びらは甘く華やかに香り、神アテアの寵愛した香り

1_タヒチの虹はまるで天界から地上への架け橋のようで神々しく生命力を感じる。 2_毎日違う島に上陸して地元の人と気軽に触れ合えるのがクルーズの醍醐味。

3_テンダーボートで上陸すると手作りの首飾りが乗客一人一人プレゼントされた。 4_カラフルな花を髪飾りにする島の女性はおしゃれで魅力的。

日曜日には子どもから大人まで綺麗な服を着て教会のミサに集まる。

By Gauguin

その日彼女は、
彼女一番の晴着を着ていた。
そして、マオリーの習慣に従って、
耳に花をつけ、
自分で編んだ藤の帽子をかぶって、
麦わら製の花のリボンの上には、
オレンジ色の貝殻の飾りをつけていた。
その肩には真っ黒な髪の毛が
たれ下がっている。

だと言われる。

　夕方、船内のグランドサロンでウェルカムパーティーが開かれた。プログラムの終盤、ゴーギャンの絵画がスクリーンに映し出される。すると、その絵画をオマージュして、船の専属エンターテイメントチームのレ・ゴギンズがスクリーンの前に現れ、同じ服を着てポーズをとり、スポットライトが彼らを照らす。それは、まるでゴーギャンが描いたモデルたちが時を経て、息を吹き返したかのようだ。斧を持つ男はたけだけしく、カラフルな服を着て花を耳に挿す女性は魅惑の表情を浮かべて。これまで見てきた名画をこのような演出で見ると、ゴーギャンの見たであろう色彩と、タヒチへの情熱を改めて感じることができた。

Day2 ｜ Vairao

→

レ・ゴギンズらがポール・ゴーギャンの作品を同じポーズで演じる素晴らしいショー。

1_ゴーギャンの描いた絵画をこのような演出で楽しめるのは乗船者だけの特権。 2_たくましい肉体に彫られたタトゥーが勇敢さとタヒチの伝統を象徴する。 3_指先にまで美が宿る優雅なタヒチアンダンスを目の前で見ることができる。

↓

1

2

3

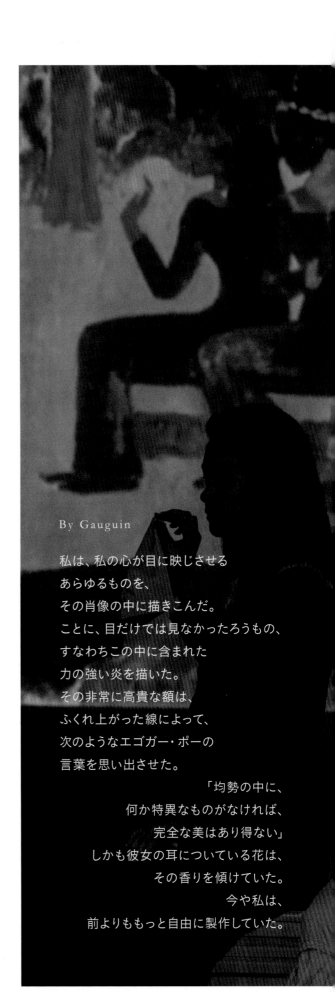

By Gauguin

私は、私の心が目に映じさせる
あらゆるものを、
その肖像の中に描きこんだ。
ことに、目だけでは見なかったろうもの、
すなわちこの中に含まれた
力の強い炎を描いた。
その非常に高貴な額は、
ふくれ上がった線によって、
次のようなエゴガー・ポーの
言葉を思い出させた。

　　　　「均勢の中に、
　　何か特異なものがなければ、
　　　完全な美はあり得ない」
しかも彼女の耳についている花は、
　　　その香りを傾けていた。
　　　　　今や私は、
前よりももっと自由に製作していた。

Day3-5 | Huahine～Bora Bora

船は穏やかでひっそりとした湾に碇を下ろした。港を背に目の前にそびえる山が印象的だ。この船では船内アナウンスがほとんどない。いつの間にか目的地の島に着いていて、気づくとゲストを乗せたテンダーボートが港へ向かう様子をレストランのテラスから見かけることになる。船内に無駄な音がないから静かで落ち着いて過ごすことができる。タヒチに流れるのんびりとした時間と呼応するように、ゲスト同士の会話や食器の擦れる音、風や鳥のさえずりがBGMなのだ。ボラボラ島には1泊するのでこれまでよりもさらにゆったり過ごすことができる。ボラボラ1日目は自転車をレンタルして気ままに島内サイクリング、2日目は、クルーズゲスト用のプライベートビーチへ行くことにした。サイクリングの間、道端で果物を売っている屋台で小休止し、甘くジューシーな採れたてマンゴーにかぶりついた。

ボラボラ停泊の夕方、「特別なカップルのためのパーティーがあるからカメラを持っておいで」と、クルーズディレクターのカルロスに誘いを受けた。パレットラウンジでは、タヒチ語で愛の詩の朗読もあり、ロマンチックな曲をギター片手にレ・ゴギンズが歌って盛り上げている。カルロスが外のデッキへカップルを一組ずつエスコートする。レ・ゴギンズがそのカップルをティファイファイと呼ばれる伝統的なタヒチアンキルトで包む。そして、愛を誓い合ってキスをするタヒチスタイルの愛の儀式だ。優しい日差しが注ぎ、その向こうにはボラボラ島の象徴、オテマヌ山が二人を祝福する。「こんな絵になるシチュエーションがあるんだ！」と、こちらが幸せそうなシーンに照れてしまう。ハネムーナーだけでなく結婚記念日などの記念日を祝うゲストたちの永遠の愛をボラボラ島が祝福していた。

刻々と移り変わる景色はどの瞬間も忘れられない思い出となる。

古から受け継がれる神に祝福された島で愛を育む。

島に流れる緩やかな時間。
五感を研ぎ澄ませれば、心も体も解放される。
刻々と移り変わる景色はどの瞬間も忘れられない。

1

3

↑
マラエと呼ばれる石を積んで祀る
聖地は自然崇拝の名残り。

→
1_日が暮れるとプールサイドはロ
マンチックな雰囲気に包まれる。
2_道端で獲れたてのフルーツを
売っているのでその場で買って食
べることができる。 3_地元で採
れる新鮮な果物を眺めの良いテ
ラス席でいただく贅沢な朝食。

↓
オテマヌ山を背景にタヒチアンキ
ルトに包まれて愛を誓い合うカッ
プル。

2

薔薇色に染まる空の下、フレンチ
ポリネシアで最も優雅なディナー
タイムが始まる。

Day6 | Taha'a

By Gauguin

第一の歌い女が始める。
　～高慢な小鳥のように、
　　彼女はすぐに情熱の虜になってしまう。
　　　その力強い叫び声は、
　　　　舞いながらまるで小鳥のように
　　　　　低くなり高くなり、
　　　　　　他の人々の声が忠実な
　　　　　　　衛星のように合唱している～

フレンチポリネシアのライフスタイルを味わいながら――。

陽気な笑顔と歌声に迎えられて過ごす最高の一日。

静かな海と椰子の木陰に囲まれた幸せの島では、
誰もが無邪気に歌い踊る。
この感覚こそタヒチに伝わる「マナ」かもしれない。

↓
1_タハア島でのBBQピクニックでは水上バーがオープンする。 2_青空の下で食べるバーベキューはこの上なく幸せで自然と会話が盛り上がる。

モツとはタヒチ語で小さな島。タハアではモツと呼ばれるプライベートアイランドで、バーベキューを楽しむ。今日はほぼ全てのゲストやスタッフがバーベキューでこの島に来ている。この船の魅力は働いているスタッフ全員がいつも笑顔で楽しそうなことだ。テンダーボートが島に近づくと、レ・ゴギンズがいつものように元気な歌声で出迎えてくれる。一周歩いて10分もかからない小さくてかわいらしい島の周囲は椰子の木が心地良い木陰を作り、ビーチではすでにゲストが水遊びに興じている。パレオ姿のレ・ゴギンズが半身水に浸かって、さあ一緒に踊ろう！と、ビーチで歌い踊る。香ばしい香りが漂ってくるとバーベキュー開始の合図だ。キンキンに冷えたビールやカクテルとともに焼きたての肉や魚を頬張る。その後は、マリンスポーツを楽しんだり、椰子の葉で髪飾りを作ったりダンスをしたり、ポリネシアの文化も体験できる。

タハア島のモツでの幸福感を何と表現すればいいだろう……。考えながら木陰でウトウトして過ごした。そして、本当に幸せな時にはかえって言葉にできないものだというのが結論。誰にも邪魔されずに静かな海と空の下、南太平洋の小島でしたいこと。その答えが「バーベキュー・オン・ザ・モツ」なのだ。

1

2

Day7 | Moorea

険しい山並みと濃い緑が人々を魅了する魔法の島。

魔窟にも聖地にも見えるその山を
画家ゴーギャンは古城と表現した。
生命力あふれるその島に芸術家たちはひきつけられる。

目が覚めて窓の外を覗くと、神秘的で人を寄せ付けない風貌の山が見えていた。鋭利な刃が空に挑むような山の頂には、雲が綿飴のように巻きついていた。モーレア島に入港すると、極上のパイナップルを探しに出かけた。町の食堂で出会ったパイナップルは熟しすぎていたが、一口食べさせてもらった。完熟の甘さとほろ苦い体験は忘れることがないだろう。

雨雲の切れ間の鮮やかな虹を合図に、船は島を後にした。太陽が隠れるとシルエットとなった山々はいっそう霊験さを増し、航跡はシャンパンのようにきめ細やかな水泡に包まれ、空は橙色に染まる。マジックアワーにデッキの特等席に陣取り、ワイングラス片手にアペリティーボを楽しむ二人のフランス人女性。甘くささやくようなフランス語の余韻が夕焼けの空に漂う。

その夜は、ポリネシア最大のダンスフェスティバル「ヘイヴァ・イ・タヒチ」2019年優勝チームのタヒチアンダンスをグランドサロンで見ることができた。本物のタヒチアンダンスは野性的で、その華麗なステップとリズミカルな音楽が官能の世界へと誘う。優雅なオペラのようなパートに続いて、勇ましさと感情むき出しの激しい踊りは、タヒチに伝わる神話や自然の鼓動を全霊で表現していた。

↑

1_道沿いのカフェでモーレア産パイナップルのジュースをオーダー。
2_エネルギッシュで官能的な踊りはタヒチに伝わる大切な伝統文化。

→

光と陰のコントラストが神々しいモーレア島のサンセット。同じ景色をポール・ゴーギャンも見たことだろう。

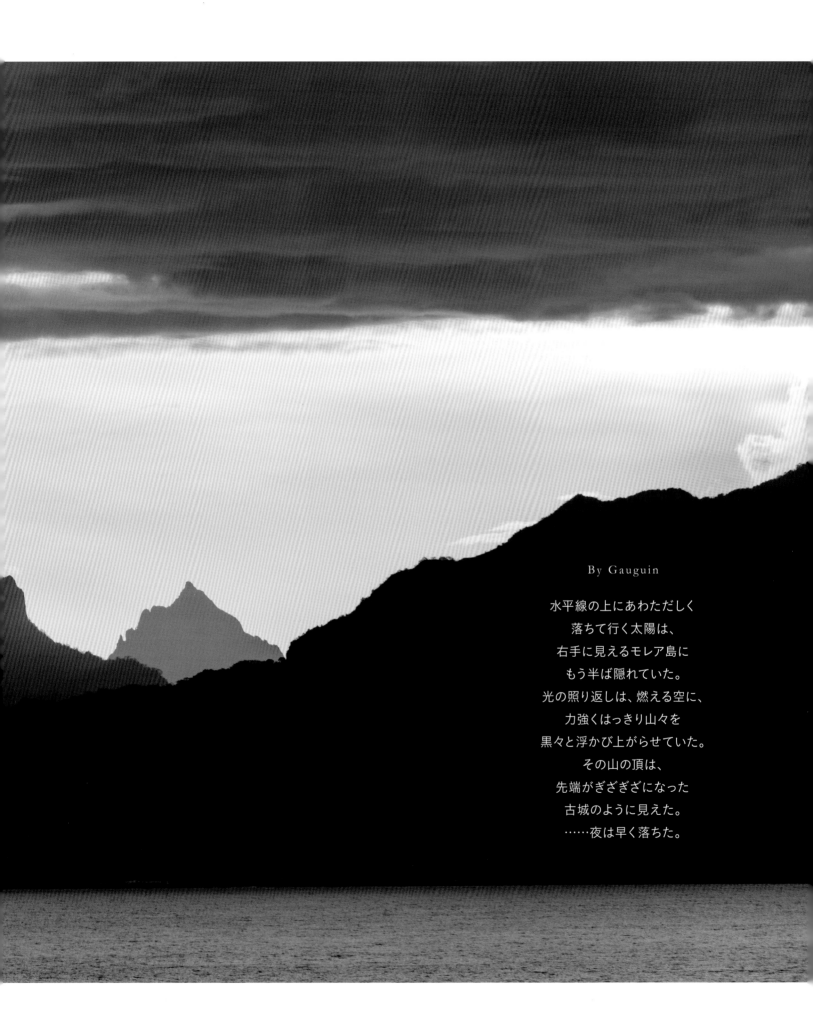

By Gauguin

水平線の上にあわただしく
落ちて行く太陽は、
右手に見えるモレア島に
もう半ば隠れていた。
光の照り返しは、燃える空に、
力強くはっきり山々を
黒々と浮かび上がらせていた。
その山の頂は、
先端がぎざぎざになった
古城のように見えた。
……夜は早く落ちた。

Gourmet & Staff

1

2

3

←

1_世界を旅する飽くなき食への向上心と謙虚な性格が素敵なメインシェフのポール氏。 2_「ラ・ベランダ」のディナーでパリの有名シェフ監修のグルメキュイジーヌを堪能したい。 3_「レトワール」のメイン料理はローカルシーフードや肉料理などから選べる。

↓

4_優雅で快適なクルーズを約束するキャプテンの (Toni Mirkovic) トニー・ミルコヴィッチ氏。 5_クルーズディレクターのカルロスさんの陽気な性格と満面の笑顔はこの船の象徴といえる。

SCHEDULE

ポールゴーギャン おすすめクルーズ

7/17発　11泊　パペーテ〜フアヒネ〜アイツタキ島〜ラロトンガ島〜ボラボラ島〜タハア島〜モーレア島〜パペーテ（クック諸島とソシエテ諸島）　4,390ユーロ〜

SHIP DATA

船名：ポールゴーギャン
運航会社：ポールゴーギャンクルーズ
総トン数：19,200トン
全長／全幅：153.6／21.9メートル
乗客定員／乗組員数：332／217名
就航／改装年：1998／2012年
問い合わせ：インターナショナル・クルーズ・マーケティング
TEL 03-5405-9213
https://pgcruises.jp

宝石のようなフレンチポリネシアを巡る夢の航海を演出。

身も心もタヒチの文化に染まり、
名画の舞台を旅するのに
相応しいフレンドリーなスタッフ。

客室は全室オーシャンビューで7割がバルコニー付き。定員332名に対して乗組員は217。乗客とクルーの比率は1、5対1できめ細やかなサービスが提供される。南国のクルーズなので肩肘張らないリラックスな感じも同時に与えてくれる。スタッフはみんなフレンドリーで、乗客同士アットホームに過ごす理想の南洋クルーズ船であることに間違いない。クルーズ代金に食事はもちろん、プレミアムリカーを除くアルコールとドリンク、チップ、客室内のミニバー、24時間対応のルームサービスも含まれる。さらに、カヤックやウィンドサーフィンなどのマリンスポーツもフリーで楽しめるので老若男女、ハネムーンから熟年カップル、友達同士のグループや家族同士でも楽しめる。フレンチポリネシアに散らばる魅惑の島々を巡る最高の船が「ポールゴーギャン」なのだと改めて思う。単にクルーズ船という範疇ではくくれない唯一無二の船だ。

4

5

割引キャンペーン
お一人様あたり €800 OFF

✈ 夏期限定
木曜発の帰国便利用！

成田から直行便！

全ての客室がオーシャンビューのラグジュアリー客船

ポール・ゴーギャン・クルーズ
クック諸島とソシエテ諸島 11泊 2021年7月17日(土) 発

1室2名様ご利用時 1名様あたり €5,190 → **€4,390〜** €800OFF

（F ポートホール・ステートルーム、港湾税別）

アイツタキの島々から肥沃なラロトンガの深い谷、そして南太平洋の王冠の宝石、ボラボラ島、タハア島、フアヒネ島、モーレア島のあるソシエテ諸島をご案内します。お得な割引料金でタヒチをお楽しみください！

■スケジュール一例

日次	曜日	都市名	入港	出港
7月17日	土	TN87✈＜エア タヒチ ヌイ直行便＞ 成田発(17:40)、パペーテ着(09:45) パペーテ(タヒチ島) ソシエテ諸島	15:00乗船	23:55
7月18日	日	フアヒネ島 ソシエテ諸島	08:00	17:00
7月19日	月	クルーズ	―	―
7月20日	火	アイツタキ島 クック諸島	08:00	18:00
7月21日	水	ラロトンガ島 クック諸島	09:00	17:00
7月22日	木	クルーズ	―	―
7月23日	金	ボラボラ島 ソシエテ諸島	08:00	停泊
7月24日	土		―	23:00
7月25日	日	タハア島(モツ・マハナ) ソシエテ諸島	09:00	17:00
7月26日	月	モーレア島 ソシエテ諸島	08:00	停泊
7月27日	火		―	17:00
		パペーテ(タヒチ島) ソシエテ諸島	19:30	停泊
7月28日	水	下船、パペーテのホテルに1泊	午前下船	―
7月29日	木	TN88✈＜エア タヒチ ヌイ直行便＞ パペーテ発(08:00)		
7月30日	金	成田着(14:05)		

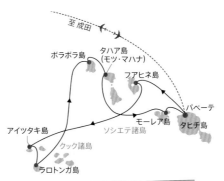

モツ・マハナ(タハア島) 椰子の木と透明な海が迎えてくれるプライベートアイランドでは、バーベキューランチ、海に浮かぶバー、レ・ゴギンズによるタヒチ文化講座などで一日中楽しめます。

その他 対象コース

お一人様あたり
EUR 800 割引
キャンペーン

● ソシエテ諸島7泊 パペーテ発着
　対象出発日：2021/4/24、5/1、8、15、6/26、8/7、14、21、
　9/11、18、11/6、13、12/15、22
● ソシエテ諸島とツアモツ諸島11泊 パペーテ発着
　対象出発日：2021/12/4
＊このキャンペーンは予告なしに終了する場合がございます。
＊3名様でご利用の場合はお問い合わせください。

安全に、安心してご乗船いただくために

ポール・ゴーギャン・クルーズでは新型コロナウィルス(COVID-19)に対する保健安全ガイドラインを策定し、それに基づき航行しております。また安心してご予約いただけるよう、特別なご予約条件をご用意いたしました。

対象：2021年1月1日〜10月31日までに出航するコースの新規予約
①デポジット減額 … 通常25％→10％
②残金支払期日の延長 … 通常出航日の90日前→30日前
③キャンセル料免除 … 出航日の30日前まではキャンセル料はかかりません
＊上記特別条件はクルーズ料金にのみ適用です。詳細はお問い合わせください。
＊条件は予告なく変更になる場合もございますので、ご予約時にご確認ください

■詳細は旅行会社または
右記までお問い合わせください。

ポール・ゴーギャン・クルーズ 日本地区販売総代理店
ICM International Cruise Marketing Ltd.
インターナショナル・クルーズ・マーケティング株式会社

TEL:03-5405-9213　FAX:03-5405-9214
E-mail:PaulGauguin@icmjapan.co.jp　https://pgcruises.jp/

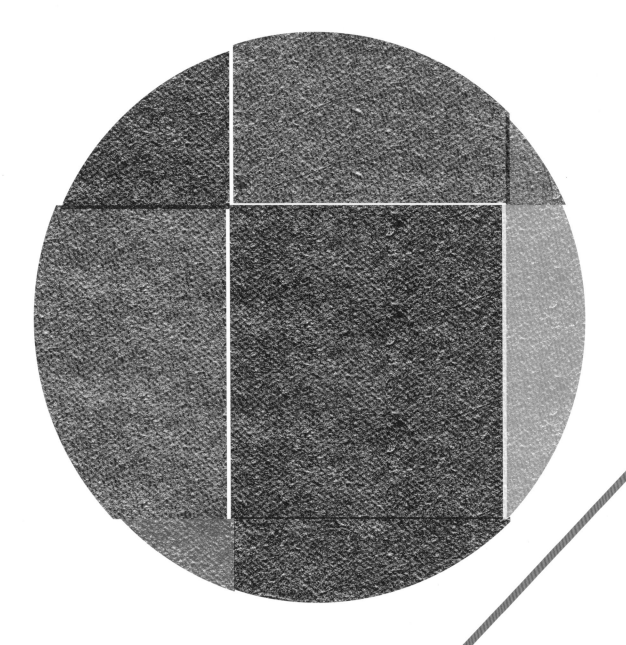

人はなぜ島への旅に憧れを抱くのだろうか。もちろん船旅ファンにとっては、船で向かうというその多くの移動そのものも魅力的なことだろう。でも、島時間と呼ばれるゆったりとした時の流れ、各所で見え隠れする美しい水辺の風景、心温かい人々——。本州とは異なる、島こそその多彩な魅力があるのは確かだ。そんな、日本に7000近くある島の中で、神々の伝説が残る7つの島をお届け。コロナ禍の不安を払拭すべく開運を祈って。

Hidden island
in
Japan

島へ、開運航海。

文=丹治たく
text by Taku Tanji

Iki Island

壱岐島

日本の神道が生まれた
伝説が今に伝わる
大陸からの玄関口。

九州と対馬の中ほど、つまり、朝鮮半島や中国大陸から対馬を経て、九州を目前に姿を現すのが壱岐島だ。「神々の島」と呼ばれる所以は、約134㎢の島内に150社以上もの神社が鎮座し、長崎県内にある古墳のおよそ6割に当たる250基ほどがあるためだ。日本最古の歴史書である『古事記』によれば、日本において5番目に誕生した「伊伎島」がこの島だという。

島内を巡れば、確かに歴史ロマンあふれる場所が数多く点在している。中国の史書で「一支国」と呼ばれた時代、王都・原の辻を訪れる古代船が行き交った玄関口である内海湾には小島神社がある。太陽と月の引力によって神に会える場所——こういわれるのは、潮の満ち引きで神社のある小島への参道が現れるためだ。この湾の入り口近くで航海の安全を見守るように、波打ち際にはらほげ地蔵が並んでいる。

特筆すべき場所が、もう一つある。島中央部にある月讀神社だ。京都にある月讀神社の元宮となった歴史から、都に神道が根付くきっかけの地であるとして、由緒を記した説明板には「神道の発祥の地」とある。神道の教えは人々の間に根付き、神事芸能である壱岐神楽が700年間にわたって守り継がれている。秋から冬にかけては、島内の神社で毎日のように奉納されるほどだ。

Trip in Iki Island

長崎県壱岐市

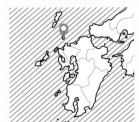

船のアクセス>>博多港からジェットフォイルで島東部の芦辺港、島南部の郷ノ浦港へ約1時間強。または唐津東港から島南部の印通寺港へカーフェリーで約1時間40分。

1

1_日本のモンサンミシェルと呼ばれる小島神社。 2_はらほげ地蔵は大潮の満潮時、海水に浸かる。3_『魏志倭人伝』に記された「一支国」の王都に特定された、原の辻遺跡から内海湾を望む。 4_口述のみで伝承されてきた壱岐神楽。演奏がないなど、神聖さが重んじられている。5_『日本書紀』の京都の月読神社の創建にまつわる記述に登場する月讀神社。

2

4

3

5

1

1_寺社を結ぶ舟廊下。桃山時代の
建築様式が見てとれる。 2_対岸か
ら見た竹生島の夕景。 3_都久夫須
麻神社の龍神拝所。湖岸に立つ鳥
居にかわらけという土器を投げ、鳥
居の間を通ると願いがかなうという。

2

3

Trip in Chikubu Island

滋賀県長浜市

船のアクセス>> 琵琶湖畔の長浜
港から観光船で約30分、または今
津港から約25分

Chikubu Island

竹生島

数々の名武将が開運を
祈願した琵琶湖に
浮かぶ神聖なる島。

竹生島は海ではなく、琵琶湖に浮かぶ周囲およそ2kmの小島だ。奈良時代に行基上人が四天王像を安置して以降、信仰の島として知られる存在となった。現在は明治時代の神仏分離令によって分かれた都久夫須麻神社（竹生島神社）と宝厳寺が鎮座し、対岸からの観光船は参拝客でにぎわいを見せている。『平家物語』では木曽義仲を迎え撃つ平経正が戦勝を祈願。寄進状や禁制、書状などが残る武将だけでも足利尊氏、足利義政、浅井長政、織田信長、豊臣秀吉、朝倉義景などと枚挙にいとまがない。二つの寺社を結ぶ全長30mの舟廊下は、豊臣秀吉が建造を命じた軍船「日本丸」の一部が使われているというから、名武将にどれほど愛されていたかうかがえる。

日本三大弁才天の一つに数えられる「大弁才天」を祀る宝厳寺は、2020年5月に修復を終えた国宝・唐門や重要文化財・観音堂、2000年に350年ぶりに復元された三重塔などが見どころだ。都久夫須麻神社は、豊臣秀吉が築いた伏見城の日暮御殿を移築した国宝の本殿が威容を誇っている。

久高島

創世神が降臨し国づくりを始めた琉球神話の聖地。

琉球における神々は、本土のそれとは異なる。島々に草木を植え、琉球を創成した創世神と伝わるのがアマミキヨという女神だ。天から舞い降りた地が久高島であり、現在でも御嶽や拝み所、殿などの聖地が現存。琉球において最も聖なる場所として保存されている。

なかでも久高御殿庭などで行われていたイザイホーという儀礼は、この島の信仰を語るうえで欠かせない。古くから久高島では男は成人して漁師となり、女は神職者である神女となると考えられていた。30歳以上の既婚女性が神女になるために、必ず経なければいけない儀式がイザイホーであり、海のはるかかなたから来訪神ニルヤカナヤを迎え、神女として認めてもらうために行われていたのである。現在は過疎化が進み、中止を余儀なくされている。

海のかなたや海底などには、ニルヤカナヤ（他の地域ではニライカナイと呼ばれる）という理想郷がある——。かつて琉球王国が支配した一帯に残る伝承だ。水平線の先にロマンを感じずにはいられない、船旅を愛する我々と同じような感慨を覚えた。

1

Trip in Kudaka Island

沖縄県南城市

船のアクセス>>沖縄本島南東部の安座真港から高速船で約15分、またはフェリーで約25分。

1_かつてイザイホーが行われていた久高御殿庭。 2_沖縄本島の沖合に浮かぶ、周囲8kmの久高島。ニルヤカナヤを想起させる日の出風景。

2

八重山諸島

豊穣の神に見守られ
美しい自然の中で
過ごす島旅の聖地。

石垣島を中心地に、日本最南端の波照間島などの石西礁湖周辺や日本最西端の与那国島を含む八重山諸島。沖縄県に属するために琉球の一部とみられることも多いが、かつて両者は別の国であり、文化も異なる点が多い。沖縄そばと呼ばれる麺料理は、八重山ではストレートな麺が使われ、ウコンなどで黄色く着色されているのが一般的だ。具も豚の赤身肉やかまぼこの細切りと、琉球文化圏のものとは様相を異にする。

八重山の人々が篤く信仰し続けるのはミルク神だ。豊年祭などでお面をつけたミルク神が登場するが、布袋さまにも似たふっくらとした姿が特徴である。実はこの神は、弥勒菩薩の「ミロク」が訛ったものだとか。中国沿岸部やベトナムなどの東南アジアで盛んな弥勒信仰などが伝播し、P.75に前述したニライカナイ信仰などと融合。1年に1度（地域により異なる）、集落を訪れる来訪神となったと考えられている。

青い海と豊かな緑が広がる八重山の島々でゆったりと過ごしていると、ふくよかなミルク神にやさしく見守られているような気がするのは、私だけではないだろう。

1_八重山諸島の中でも、ひと際自然の豊かさが特徴の西表島の日の出風景。 2_西表島の祭事に登場したミルク神。本土の寺院などで見られる姿とは異なる、ふっくらとした印象だ。 3_爬竜船による神事であるハーリーも中国から伝わった。

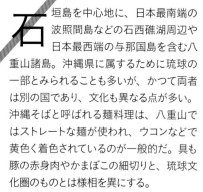

1

2

3

Trip in Yaeyama Islands

沖縄県石垣市・竹富島・与那国町

船のアクセス>>八重山諸島の起点となる石垣島から、竹富島、黒島、波照間島、西表島、与那国島、小浜島、鳩間島行きフェリーが運航。宮古島からは大神島、多良間島行きが運航。

Sensui Island

仙酔島

潮がぶつかり生まれる
海のパワーが満ちた
瀬戸内海に浮かぶ小島。

1_鞆の浦からは、坂本龍馬率いる海援隊が乗船した蒸気船・いろは丸を模した渡船が運航している。 2_波打ち際に遊歩道が整備された五色岩。 3_四方を瀬戸内海に囲まれ、夕日の美しさはひと際目を引く。右手前は島の西方に浮かぶ弁天島。

江戸時代の港湾施設である常夜灯や雁木など、古い街並みが残された鞆の浦。そこに浮かぶ周囲わずか5kmの島である。「仙人も酔ってしまうほどの美しさ」がその名の由来と伝わり、歴代の天皇などが訪れたことで知られる。

この島で注目すべきは、島の周囲を複雑に流れる潮と潮がぶつかって生まれる、島内に満ちているという不思議なエネルギーだ。鳴門の渦潮と同じように、活力の源が集中していると考えられているのだ。真価のほどはさておき、美しい風景を楽しみに訪れるだけでも価値があるだろう。

鞆の浦からの船着き場近くにある砂浜は、現代の生活で体にたまってしまった電磁波を放出してくれるという。海沿いに東へ進んだ海辺にある五色岩は、はるか昔にマグマが隆起して地上に突出した、地球のエネルギーが特に多い「ハレの地」といわれる場所。その名のとおり青、赤、黄、白、黒の5色が1kmほどにわたって続くこの岩は、世界的にも珍しく、日本で見られるのはここだけだ。龍神が出入りする穴があると伝わる龍神橋周辺も、龍神が願い事をかなえてくれるというパワースポットの一つ。龍神が通ると信じられている橋の中央を避けて、女性は左側、男性は右側を歩くのが作法となってる。

2

3

Trip in Sensui Island

広島県福山市

船のアクセス>>鞆の浦福山市営渡船場からフェリーで約5分。鞆の浦へは、尾道駅前または千光寺ロープウェイ下桟橋から観光船も利用できる(季節、曜日限定)。

Ogasawara Islands

小笠原諸島

豊かな自然が発するエネルギーが
人知を超えた天命をもたらす孤島。

東京都心から南へ1000km。30ほどの島が太平洋に浮かぶ絶海の孤島だ。飛行場はなく、船でしか上陸できない船旅ファン垂涎の地である。

2011（平成23）年に世界自然遺産に登録され、訪れた読者諸氏も多いことだろう。その最大の魅力は、島内と周囲の海を含め、圧倒されるほどの豊かな自然である。中でも世界遺産の登録理由にもなっている、固有種の多さは特筆すべき点だ。

島として形成されて以来、大陸から隔絶された環境が保たれたことで、生物は独自の進化を遂げた。「東洋のガラパゴス」と呼ばれる所以だ。数多くの固有種の中、カタツムリなどの陸産貝類は、諸島内で見られる106種のうち100種が固有種で占められている。沖合いに目を移せば、世界の海で確認されている85種のイルカとクジラのうち、24種が小笠原周辺の海に回遊。「ボニンブルー」と呼ばれる紺碧の海から潮を噴き上げるクジラの姿は、父島へ向かう船から見られることも多い。

一説には、地球のエネルギーが満ちているからこそ、多様な生命が育まれるとか。プレートの移動によりマグマが上昇して島々が形成された、成り立ちの歴史が影響していると考えられている。さらに、多彩な動植物たちさえもエネルギーを放ち、人間の心身に好影響を与えてくれるという。

動物セラピー、正式名称はアニマル・アシステッド・セラピーという言葉をご存じだろうか。肢体不自由だった人が、イルカと一緒に泳いだ後にわずかながら歩けるようなるなど、生き物の何らかの影響により身体的な不具合が癒されるという、動物介在療法の一つである。生き物が多い分、この島々はセラピー効果が高いのかもしれない。

こうした自然のエネルギーを感じるか否かは置いておいても、濃い常緑樹の緑は目にやさしく、美しい海は心を平穏にしてくれるなど、豊かな自然によって心身を癒やされる効果は確かにありそうだ。

江戸後期に欧米人や太平洋諸島民が定住し、明治初期に日本の領土として国際的に認定された。しかし、太平洋戦争による敗戦で米軍の占領下に置かれ、返還を許されたのは昭和43年になってからだ。こうした歴史を感じさせない豊かな自然が、運気を変えてくれるだろうか——。

1

Trip in Ogasawara Islands

東京都小笠原村

船のアクセス>>父島へは、竹芝桟橋から定期船で約24時間（7日ごとに運航）。母島へは、父島から定期船で約2時間。

1_徳川家康の命を受けて小笠原貞頼が小笠原諸島を発見した際、標柱を立てたという場所にある父島北部の大神山神社。2_中央山から父島の二見湾を望む。

2

沖ノ島

沖合いから見守る、日本が世界に誇る「神宿る島」。

2017（平成29）年に「神宿る島」宗像・沖ノ島と関連遺産群の構成資産の一つとして、世界文化遺産に登録されたことをご記憶の方も多いだろう。玄界灘に浮かぶ周囲4kmの島であり、宗像大社の御神体島となっている沖ノ島。今でも女人禁制であり、特別な許可を得た研究者を除き、上陸することが許されることはない。しかしこの島を外して、日本の神々と島のことを語ることは不可能だ。

沖ノ島には、3社ある宗像大社の一つである沖津宮が鎮座している。さらに、およそ8万点もの大陸との交易に関わる出土品が発見され、そのほとんどが国宝に指定。

「海の正倉院」と称されるほどの膨大さだ。自然崇拝を源とする日本固有の信仰・祭祀が4世紀以降も継承され、交易の歴史を物語る史料が眠ることが、世界文化遺産に登録された理由となっている。宗像市田島にある宗像大社辺津宮では、こうした歴史を詳しく知ることができる。

1·2_世界文化遺産の構成資産に登録されている辺津宮。境内にたつ神宝館では、沖ノ島の出土品などを見ることができる。 3_大島に鎮座する宗像大社中津宮の遥拝所。大島は有人島であり、参拝することができる。 右ページ_沖合いから望む沖ノ島。九州本土から約60kmの距離にある。

Trip in Okinoshima Islands

福岡県宗像市

3

神道、豊かな自然、独自の文化が育まれた島々へ。

日本の特徴的な七つの島や諸島を見てきたが、お気づきの読者も多いことだろう。私たち日本人にとって、島は特別な存在だ。一つ目の理由が、私たちが意識せずとも、神道の教えの中で生きているためである。沖ノ島のように、島そのものをご神体と感じることもあるだろう。狭い土地だからこそ、古の人々は自然災害や天罰から逃れたいと寺社仏閣を建立。壱岐島のように神社が数多く点在し、神々しくさえ見える島もある。さらに、独自に発展した信仰や文化が、他の影響をあまり受けずに受け継がれているケースもある。都会から離れれば離れるほど、自然も同様に太古の状態を保っている。こうした人知を超えた森羅万象を感じられるのが島の魅力といえるのだろう。

──────日本の島こそ、開運の地である。

いまこそ島でパワーチャージ！

香川の5つの島へ開運航海

香川県にあるパワースポットと言えば「金刀比羅宮（ことひらぐう）」が全国的に有名だが、実は瀬戸内海に浮かぶ香川の島々にも開運スポットが目白押し。今回はクルーズで立ち寄った際に最適な、高松港から気軽に日帰りで楽しめる5つの島を紹介します。

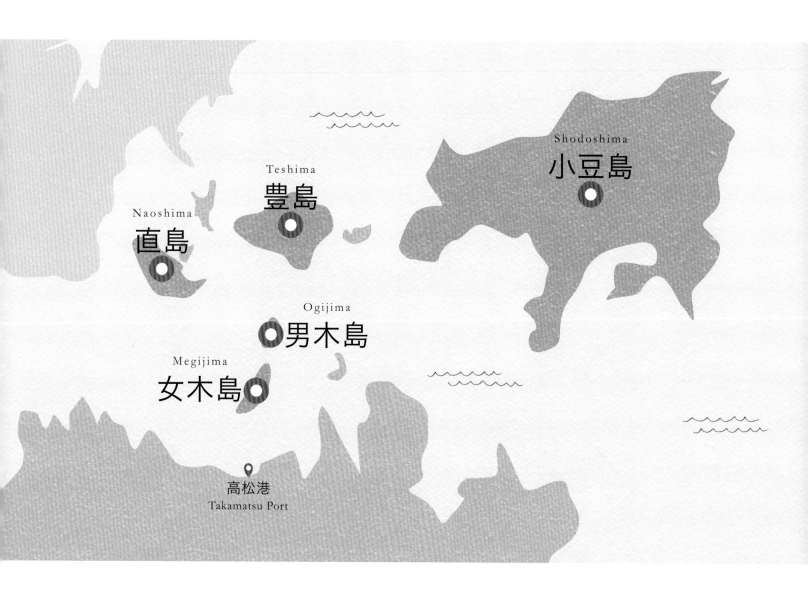

Shodoshima
小豆島

Teshima
豊島

Naoshima
直島

Ogijima
男木島

Megijima
女木島

高松港
Takamatsu Port

---

1 ◉ 直島
Naoshima

島の概要：江戸時代から海上交通の要所として栄え、今でも女文楽など貴重な文化財が残る島。近年では島の南部に美術館が整備され、現代アートの島として注目。

高松を起点とした交通機関：高松港〜宮浦港フェリー1日5往復　約1時間／高速船1日5往復約30分

http://www.naoshima.net/（直島町観光協会）

（見どころ）

（パワースポット）

〈 八幡神社 〉

島の氏神である八幡神社の参道入り口にある明神鳥居。直島産の花崗岩で作られ、重厚感ある低い総高と太い柱が特徴。柱に乗った石材が継ぎ目のない1本石である点が珍しい。

〈 極楽寺 〉

理源大師が開基した八幡神社の別当寺

薬医門様式で本瓦ぶきの山門は町指定文化財。懸額に直島領主高原の栄華を垣間見る（家紋と船印）。

2 Ogijima ◉男木島

島の概要：平地が少なく、南西部の斜面に階段状に集落が作られ、港から民家が鱗のように重なり合う独特の景色を見ることができるユニークな島。

高松を起点とした交通機関：高松港〜男木島フェリー1日6往復／女木島経由で約40分
http://ogijima.info（男木島コミュニティ協議会）

〈 見どころ 〉

〈 男木島灯台 〉

日本の灯台50選にも選ばれた景勝地

1895年に建てられた全国的にも珍しい総御影石造りの洋式灯台。映画「喜びも悲しみも幾年月」のロケ地として人気の観光スポット。

〈 豊玉姫神社 〉

島一番のビュースポットで開運

豊玉姫伝説ゆかりの地として知られ、島の人からは「玉姫さん」と呼ばれ親しまれている。子孫繁栄・安産・縁結びの神様として人気。

〈 パワースポット 〉

---

3 Megijima ◉女木島

島の概要：中央部に巨大な洞窟があり、その昔、鬼が住んでいたと伝えられていることから、別名「鬼ヶ島」とも呼ばれている神秘の島。

高松を起点とした交通機関：高松港〜女木島フェリー1日6往復　約20分
http://www.onigasima.jp（鬼ヶ島観光協会）

〈 鬼ヶ島大洞窟 〉

鬼のパワーにあやかるスポットに侵入？

〈 見どころ 〉
〈 パワースポット 〉

桃太郎伝説の鬼のすみかとされる洞窟。中はひんやりとしていて、鬼の大広間や居間、鬼番人の控え室などが再現されている。

〈 鷲ヶ峰展望台 〉

眺めるだけでパワーチャージ！

鬼ヶ島大洞窟から徒歩約5分にある展望台。標高188mの山頂からは360度の瀬戸内海を一望できる。

---

4 Teshima ◉豊島

島の概要：なだらかな島の斜面に広がる美しい唐櫃（からと）の棚田などの自然美や、豊島美術館など現代アートが満喫できる島。

高松を起点とした交通機関：高松港〜家浦港高速船1日4往復（曜日・季節で変更あり）約35分
https://teshima-navi.jp/（豊島観光ナビ）

〈 見どころ 〉

〈 唐櫃の棚田 〉

貴重な海を望む棚田へ

瀬戸内海を望むなだらかな斜面に広がる棚田。2010年に豊島美術館開館と瀬戸内国際芸術祭の開催に合わせて棚田の復元が行われた。

〈 パワースポット 〉

〈 唐櫃の清水 〉

元気をもらう神社ゆかりの聖水

島の東側に開けた唐櫃（からと）岡地区に、四季を通じて豊富に湧き出ている清水。水場は清水神社社殿、清水観音堂と一体となっている。

---

5 Shodoshima ◉小豆島

島の概要：風光明媚な「オリーブの島」として知られるが、オリーブのほかにも醤油や佃煮、素麺といった、古くから島の自然に育まれてきた豊かな食文化がある島。

高松を起点とした交通機関：高松港〜土庄港・池田港・草壁港〜高松港　フェリー1日15往復高速船もあり
https://shodoshima.or.jp/（小豆島観光協会）

〈 見どころ 〉

〈 エンジェルロード 〉

大切な人と是非

1日2回、干潮時に海の中から現れる砂の道。大切な人と手をつないで渡ると、願いをかなえてくれると言われているスポット。

〈 パワースポット 〉

〈 小瀬の重岩 〉

謎の巨岩に会いに行く

小瀬の丁場にある「落ちそうなのに落ちない」不思議な巨岩。眼下に瀬戸内海が広がり、自然の中に存在するパワースポット。

客船を愛した半世紀を振り返って…
私にとってのクルーズの至福とは?

クルーズには乗組員の心のこもったサービスと、
気心の知れたゲストたちと交わす楽しい会話がある。
半世紀クルーズに親しんできた夫婦の幾多の体験と楽しみを紹介する。

のま・ひさし
———

The World Ship Society終身会員、海事技術史研究会顧問。1974年〜
(株)商船三井ロサンゼルス駐在員。1988年〜1998年　九州急行フェリ
ー(株)取締役社長(〜1998年)。主な著書に、『豪華客船の文化史』(1993
年、NTT出版)、『客船の時代を拓いた男たち』(2015年、財団法人交通研
究会)、『客船の世界史』(2018年、潮書房光人新社)など。

クルーズの始まりと人々との交流

「**クルーズ**」という言葉はもともと1960年代にマイアミを起終点に始められたカリブ海の
ショートクルーズで初めて使われた。起終点が異なり航海日数が長い船旅もクルーズと呼ばれるようになった。この稿では私自身の体験を含めた洋上での人間模様を語りたい。

　船を降りるときに「ハッピーだった」とか「良い想い出になった」という気持になるのはなぜだろう。ハード面ではネイバル・アーキテクトというデザイナーが乗客に好まれるようなインテリアに趣向を凝らす。ソフト面では、パーサー(事務長)以下の乗組員がお客の気持ちを察してアテンドする。パーサーはお客との交流で大きな役割を果たすから、船会社はその選考には最高の注意を払う。船旅は濃厚接触のある閉鎖空間でなされる。だからお客とお客の交流のうちに人間模様が繰り広げられる。これがうまくゆくかどうかで航海体験の味が変わってくる。

　どの客船でもアメリカ人が圧倒的に多いから船内では英語が飛び交う。その点、自国語であれば快いということで、イタリアやドイツならコスタ、ハパクロイド、日本なら日本の客船では、乗客は言葉の心配が不要でアットホームな気分で過ごせる。しかし大多数の客船(設備の整った大型船にはアメリカ人客が多い)に乗ればアメリカ人と交わることになる。私の体験ではアメリカ人ほどフランクで付き合

野間 恒
海事史研究家

text & photo by Noma Hisashi

セントトマス沖に停泊する
スタイリッシュな
クイーンエリザベス2 (QE2)。
その美しい光景は
忘れられぬものだった。

いやすいお客はいないとの印象がある。

　これ以上のフランクさはない場面に出会ったことがある。ダイニングルームの前で列を作って待っているときのこと。アメリカ人の婦人たち3人のうち1人が背丈の発育が止まっているように見えた。私は遠慮して顔をそむけていた。ところが連れの婦人たちが背の低い婦人に話しかけているではないか。「あんた、背の低いのを気にしては駄目よ、私も昔は小さかったから貴女もいずれは大きくなれるわよ」と笑って声をかけているではないか。言われた彼女も「そうねー」と言わんばかりニコニコ笑っていた。

　航海中はどの乗客もフランクさをモットーとしているから、プロムナードデッキのウォーキングで出会うと、知らない相手でも「おはよう」、「こんにちは」と挨拶する。ところがある外国船でのこと、日本のさる財閥のトップ夫妻グループが乗船していた。デッキ散歩中にそのひとりの婦人と出会った妻が気軽に「気持ちの良い天気ですね」と挨拶したところ、「貴女はどなた」と問われて後が続かなかったとのこと。

　今はドバイに係留されているQE2はいろいろハプニングがあった意味で私たちには忘れられない船だ。それらの一部を披露しよう。

アメリカでのパスポート忘れ事件

1974年から

77年までロサンゼルスに駐在していた。日本人だからパスポートはいつも携行せねばならないが、日常生活の慣れでそれは家の戸棚にしまっていた。1977年12月のこと、QE2でカリブ海クルーズに出掛けた。ロサンゼルス空港からケネディ空港に飛び、そのままQE2の待つニューヨークのキュナード埠頭に向かった。3個のラゲージはすんなりと船内に運んでくれた。あとは私たち親子4人が乗船する番である。

　船の搭乗ゲートで切符を見せると「パスポートを出して」と言われてハッとなる。「忘れた」とは言えなかったが、「次の寄港地までに必ず届けるから」と説明したが、「この船はイギリスの船だからアメリカからすれば外国だ。パスポートなしで乗せたことが露見すれば莫大な罰金をとられる」と問答にならない。やむを得ずニューヨークで1泊して翌朝のフライトでカリブ海の港に行くこととした。

　問題はカリフォルニアの自宅にあるパスポートのことだ。妻が隣人

クルーズが始まるときの
儀式のようなものが乗組員の紹介である。
キャプテンがユニフォーム姿の士官たちを
乗客に紹介し、乗客たちはスタッフの顔を覚える。

のアメリカ人主婦に電話してパスポートのありかを教えると、彼女はそれを探し出してパウチという宅配便で送ってくれた（この時期の日本には宅配便などはなかった）。翌朝、ケネディ空港のカウンターにはパスポートが届いていた。これで安心するやらびっくりするやらだった。

　船に積み込んだラゲージ3個のうち1個だけ回収してくれた。QE2の客室が900室としてひと部屋あたりラゲージ2〜3個として総数1800〜2700個が運ばれていた筈だ。膨大な数の中から私たちの分1個を探し出してくれたことに驚き、感動した。

　ともあれ「船は出てゆく煙は残る」でQE2は煌々とライトをつけてハドソン河を下って行った。私たちが複雑な気持ちで見送ったのは勿論のことである。このときキュナード・ニューヨーク支社のウィリアム・ノースという副社長が港頭に来ており、当夜のホテルから翌日のフライト予約まで世話してくれた。この有難い世話を受けた記憶は消えていない。

　QE2を見送った翌日、寒さの厳しいニューヨークからサンフアン経由で灼熱のセントトーマスに着いた。セントトーマスではQE2が係留できる埠頭はなかったので、沖合いに停泊していた。極東からやってきた日本人一家のためだろうか、QE2差し回しのランチにノース副社長も乗船していた。遠くにスタイリッシュな船影が見えたときには本当に興奮し、キュナードの好意が身にしみた。

QE2で指輪を失くして…

名にしおう

QE2に乗るのは初めての体験だったから見るもの聞くことすべて新しく、クイーンズルームにあった命名者エリザベス2世の胸像が印象的だった。QE2の妹船たちにはキュナードのメモラビリアがあちこちに展示されていたが、QE2ではそのような展示はなく、すっきりとしたインテリアだった。

　この航海で私たちは唯一の日本人ということで、キャプテンズルー

地中海随一の景勝地はサントリーニ島であろう。
舟付き場からロバに揺られて30分、頂上に着く。
立ち並ぶコーヒーショップやホテルからは
紺碧の海が展望できる。

ダイニングルームでは
メートルディ（ヘッドウェイター）が
乗客たちに食事皿の取り分けまで
親切にサービスしてくれる。

ムでのプライベートパーティーに招かれた。歓談数刻ののち退出、部屋に帰った妻は指輪をティッシュペーパーに包んで引き出しにいれていた。翌日の夕刻になり、他の紙屑と一緒に指輪を包んだティッシュペーパーも屑籠に捨てていたことに妻は気付く。屑籠の中身はルームスチュワードが持って行ったあとだ。

とにかく無理とは思ったがスチュワードに事情を説明する。ところが驚いたことに半時間あとに彼が探して届けてくれたではないか。普通には考えられない結末に妻は感激すること頻りだった。「ありませんでした」と言われればそれまでだが、キュナードのサービス伝統が脈々と生きているとの思いを新たにした。

2010年に乗船した「サファイアプリンセス」でも感じたことがある。タヒチ沖合いに投錨して乗客をランチに降ろしていた。キビキビとした動作を褒めると、インド人らしい士官から「この帽子が私たちの誇りです」という言葉が返ってきた。士官帽を見ると何とP&Oの徽章がついていた。プリンセスクルーズはP&Oの子会社として誕生したが、そのあとカーニバルクルーズ下に移行している。アメリカ資本の会社になっても大英帝国時代の誇りは忘れないという乗組員の気概に感心した。

ソーシャルアンバサダーとの交流

船旅は
カップルが普通ということで、キャビンも二人部屋となっている。そのいっぽう、独身男性や未亡人などの独り旅が目立つようになり、船会社もシングル・キャビンを備えつつある。シングルの男性よりも熟年のシングル婦人が目立っていた。船会社のほうも、これら女性の相手をする専用スタッフを揃えていた。船によって呼び名は違うが、私が乗った船では「ソーシャルアンバサダー」と呼ばれる中高年男性スタッフが数名いた。おそらく会社を退職した年輩で、クラーク・ゲーブル並みの美髭をたくわえた〈男性乗組員〉だった。

ある熟年の〈大和なでしこ〉は旦那が巨額の遺産を残して亡くなったから、「クラーク・ゲーブルと毎日ダンスするのが楽しみよ」と明るく喋っていた。この女性も終戦直後の街に流れた「岸壁の母」や「星の流れに」を聴いて育っていたであろうが、「絹の靴下」ならずとも強いのは女性かな、と思うこと頻りだった。

これら"クラーク・ゲーブル"はダンスのみならず、お客とバーやレストランで席を共にしていた。あるときこの男性のひとりとバーで歓談することがあった。「小母さんたちと付き合ううち彼女の部屋に誘われないか」とカマをかけたところ、「Oh ノー、そんなことが知れたらクビになる」と真顔で言っていた。

有島武郎の小説に『或る女』がある。早月葉子という女性が客船「絵島丸」で許婚が待つアメリカに渡る。ところが航海中に倉地三吉という事務長と懇ろになり、目的地に上陸せずに帰国して倉地と所帯を持つ話である。〈濃厚接触〉のある閉鎖空間の幾日かがもたらしたロマンスであるが、現代のクルーズにも潜在する人間模様と考えると面白い。

私自身の感性からするクルーズの楽しみ、至福とは大洋をゆく船のデッキから眺める海と空の表情を観賞することである。一日中デッキに横たわり、また都会では絶対にお目にかかれない星空に見惚れること、さらに大海原に流れる白い航跡を眺めることである。黄昏に差しかかった熟年世代のお客と話し合うのも悪くない。これは外国船であろうと日本船であっても期待できる。

もう一つ付け加えれば、歴史の地に立つ感動を体験することである。ジブラルタルでは、200年前にトラファルガー沖の海戦で戦死したネルソン提督の遺体をラム酒に漬けて一時的に保存した入江（Nelson's Cove）に佇んだり、テネリフェ島では80余年前にフランコ将軍が山中で反乱の謀議をしたところとか、ハリファックス港では第2次大戦中に大輸送船団が出航した泊地を臨んで感動する。これが私流の楽しみ方である。

CRUISE Traveller

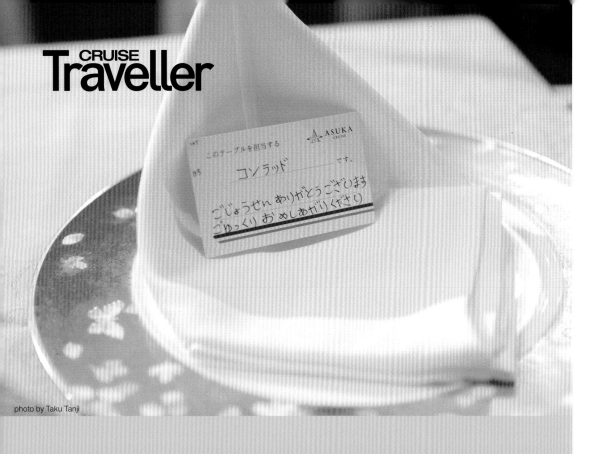

photo by Taku Tanji

CRUISE Traveller Spring 2021
3月中旬発売予定

Special Feature
今あらためて楽しみを再発見
日本の船旅入門。

長い歴史に育まれ独自に進化した
日本の客船文化。
その魅力をあらためてひもとくとともに
港町での心あたたまる体験など
船で行くからこそ楽しい
日本の旅の魅力を完全ファイル。

船とみなとの
おもてなしに触れる旅。

タイトル・内容・発売時期は変更となる場合があります。

CRUISE Traveller ONLINE
www.cruisetraveller.jp
CRUISE Traveller公式サイトでは
取材風景なども公開しています。

[ISBN 978-4-908514-24-1]

CRUISE Traveller
Salon

横浜
はじめて
物語
———

1887年、横浜で自転車の貸し出しが始まりました。

北原照久

1948年生まれ。
ブリキのおもちゃコレクターの
第一人者として知られている。
横浜、河口湖畔、松島、
羽田空港第一ターミナルなどで
コレクションの常設展示を行っている。
テレビ、ラジオ出演のほか講演も多数。
株式会社トーイズ代表取締役。

photo by Yoshiomi Goto

1950年代の日本製ブリキのおもちゃです。動力はゼンマイで、実際に足でこいでいるように見えるスムーズな動きです。走りながらベルも鳴らします。ブリキのおもちゃの歴史では最盛期のもので、そのほとんどは輸出用でしたから、日本人の職人が作り、欧米の子どもたちが遊びました。

乗るのはアニメや映画の人気者、セーラー服にパイプをくわえたポパイ。特徴ある顔形を左右に分けたパーツで、実にうまく再現しています。腕まくりをした袖口やセーラーカラーの曲線を見事に作っています。

パイプの先は木製、ズボンは布製と組み合わせも絶妙。ハンドルを握る手の描写が細かくて、手の中に赤いハンドルが少し見えているところまで描かれていて感心します。

いつもブルートがオリーブに対して何かと意地悪をする。そしてポパイが助けにやってくる。どんなにピンチでもほうれん草の缶詰を開けてひと口食べれば、パワーがみなぎり、もう大丈夫というお決まりのストーリー。

好き嫌いのある子どもたちは、ポパイのように強くなれるからほうれん草を食べようと大人に言われたものです。ポパイのおかげで克服した子どもも多かったはず。

横浜は日本で初めに自転車の貸し出し業が始まった街。1854年の開港から間もない頃、横浜に自転車が持ち込まれ、外国人たちが居留地で乗っていました。乗り方を教わり、夢中になった石川孫右衛門は、高価で珍しい自転車を、時間貸しにしたら人気が出るだろうと、1887年20台を購入して元町3丁目で貸し出しを始めたところ大好評となり、場所を変えて営業を続けました。次第に国内でも製造や販売もされて普及し、各地に同好会ができて、競技大会もあったそうです。家族写真には自転車も脇に置くなど、ステイタスシンボルにもなりました。現代の横浜でもレンタサイクルは人気があり、どのステーションに返却しても良いシステムなど、観光客にも市民にも人気があります。

はじめての クルーズ 旅行 ガイド

名鉄観光が
お届けする

はじめての
クルーズ 旅行 ガイド

名鉄観光がお届けする「はじめてのクルーズガイド」は未経験の方でもクルーズの楽しさがわかる情報サイトです。客船やエリア選びからドレスコード、船内の過ごし方までクルーズマスターによるわかりやすいアドバイスが満載。もちろん、旬のおススメツアーもご用意しております。

お答えします!

クルーズマスター 小泉 芳弘

クルーズの魅力って何?

↓

客船選びのポイントは?

↓

人気のエリアはどこ?

↓

おススメのツアーはどれ?

2021年ゴールデンウィークGW 17万トンの大型新造客船 「MSCベリッシマ」で航く

添乗員同行

＜横浜発着＞沖縄、石垣島、台湾クルーズ10日間

値下げ《キャンペーンでお得!》

[出発日] 2021年4月29日（祝）~~159,800円~~ 143,800円～

ゴールデンに沖縄、石垣島、台湾、鹿児島を周遊するクルーズです。2019年3月に就航した「MSCベリッシマ」は次世代大型客船で、船内に設けられた長さ96メートルの地中海風2階建てプロムナード、専用シアターでの「シルク・ドゥ・ソレイユ」のショーも人気です。さらに専用バトラー付き「MSC ヨットクラブ」も備わっています。また、日本人スタッフが乗船しますので初心者の方でも安心してお楽しみいただけます。船内新聞、レストランメニューも日本語版をご用意します。そして、今ならキャンペーンでお得にクルーズが楽しむことができます。

●詳細はこちら!

htt://www.mwt.co.jp/cruise/

Panorama クルーズ紀行

Wellness

今回のテーマ

腸内フローラ・口腔内フローラ

免疫力アップは『腸活』『口活』個人戦略の時代

自然治癒力を最大限発揮するオーダーメード医療

今般の新型コロナウイルス感染拡大により、ちまたでは免疫力を上げる体づくりに関心が集まっている。自然免疫を高めるための重要なファクターと言われている腸内フローラ、そして関係の深い口腔内フローラについて専門家である高輪クリニックの陰山先生にお聞きした。

まず、腸は私たちの身体を敵（病原菌やウイルス）から守る、免疫の一大基地であることはご存じだろうか。「そう、自然免疫の6～7割は腸管免疫がつかさどっていますから、新型コロナウイルスに感染するしないは"おなか"にかかっているといっても過言ではありません」と陰山先生。すでに高輪クリニックでは新型コロナウイルスと腸内フローラに関する総評を国際ジャーナルにあげている。「ポイントは、腸内フローラにさまざまな種類の菌が常在することで多様性が高くなり、コロナに感染しづらいということが解明されました」と。さらに最も注目されているのは乳酸菌の一つでブランタラン菌だとも。

では、これを体に入れれば免疫アップできるの?といったらそういうことではない。よく、「腸まで届く乳酸菌・ビフィズス菌で腸活」などとうたっている乳酸菌食品もあるがこれも違うそう。腸内環境は、腸に棲みついている約1000種類、100兆個から1000兆個あるとい

われる腸内細菌によって左右されている。健康な人の腸内は、善玉菌が悪玉菌を抑える形で腸内フローラが一定のバランスで維持されていて、何らかの原因で悪玉菌が優勢になってしまうと、腸内腐敗が進み、人の健康に有害な物質が増えてしまう。

「腸内フローラの様相は、ヒトそれぞれ顔や個性が違うように、その人その人ごとに異なり、腸内フローラの状態は、そのときどきの生活習慣や年齢、ストレスなどによっても影響を受け、変化しています。腸活は個人戦略でこそ効果を発揮することがわかってきました」とも。高輪クリニックではその人の腸内細菌の遺伝子を次世代シーケンサーという最新テクノロジーを用いて分析、検査することでその人に合った善玉の乳酸菌を抽出し、コロナの予防として内視鏡で菌を移植するなども行なう。

さらに、感染から逃れるといった意味では上咽頭（喉）に感染する人が圧倒的に多いので、口の機能がしっかりしているか否かというのも重要なファクターとなる。唾液が出にくい、口腔内の洗浄が良くない人も喉での感染が起こりやすいので注意が必要だとか。

このように、高輪クリニックでは内科と歯科の連携によって包括的な分析や検査、治療を行ない、処方に関しては有用微生物や漢方を主体にし、身体に負担がかからないような心遣いがされている。先端科学と伝承医療の和合こそ陰山先生の理念。現在、腸内フローラがコロナに関係していることが判明し、ますますファジーでわからない世界をも科学的に分析し解決へ導いている。「腸内や口腔内が完璧なバランスの方はコロナもその他感染病の感染率が低いので、思い切り社会活動をしてほしい」と。腸内検査と口腔内検査で『腸活』『口活』の個人戦略を立てていこう。

人間のゲノムの解析を
17時間で可能にした検査システム。

人生の質を高める
ウエルネスの生活

陰山先生による
YouTubeチャンネル『陰山チャンネル』
も開設中!

医師・医学博士
高輪クリニック総院長

陰山康成

岐阜大学医学部大学院卒業。救命救急、整形外科での臨床経験を積んだ後、高輪クリニック開業。東海大学医学部客員准教授、上海中医薬大学客員教授、品川メディカルモールセンター長、国際和合医療学会常任理事。先端医療と伝承療法の融合、診療科を分断せずに内科・歯科両面からの治療を目指している。ケミカルな薬を極力使用せず処方は有用微生物や漢方が主体。https://takanawa-clinic.com/

ウエルネスライター

高谷治美

日本経済新聞『プラス1』の医療健康記事では最新医療から健康維持、よりよいウエルネスの提案について12年以上にわたり取材執筆を行う。また、国内外の生活文化・芸術・マナーなどを多角的に取材し、各界の著名人の人物記事、広告、書籍制作にも力を注ぐ。（一社）日本プロトコール&マナーズ協会の理事を務めている。

上田寿美子エッセイ集、
ついに発売

上田寿美子の

クルーズ！万才

豪華客船、45年乗ってます

半世紀にわたり、世界の豪華客船から探検船まで取材したクルーズライターの第一人者。昨年、TBSテレビ「マツコの知らない世界」に出演、その経歴とユーモア溢れるキャラクターで人気を博し、同番組では初となる3回目の番組登場決定（2017年7月放送）。クルーズ講演を年50回ほどこなす人気ライター。

45年の乗船歴をもとに、超豪華客船から家族でも楽しめるカジュアル船、極地探検船など、幅広い体験をもとに船旅の楽しさ、素晴らしさや驚きのエピソードを収録。クルーズファンはもちろん、番組を見て著者に興味をもった方々にも楽しく読んでいただけるエッセイ集です。

［定価］本体1,600円
［判型］四六版
［ISBN］978-4-908514-10-4

全国書店・honto にて大好評発売中！

Economics

政府の観光需要喚起策Go Toトラベルキャンペーンがお得なことは、もうご存じのはず。国内旅行の旅行代金総額の2分の1相当額を国が補助する制度です。1人当たり上限2万円まで（日帰り旅行は1万円）が条件で、利用回数に制限はありません。

例えば、1泊2日で1人4万円の旅行を申し込んだ場合、国からの支援額は上限の2万円で、そのうち7割（1万4千円）が割り引かれるので、実際の支払い額は2万6千円ですみます。さらに、残り3割の6千円分が地域共通クーポンとして付与されます。地域共通クーポンは、旅行先の都道府県や周辺地域で旅行期間中に限り使用可能で、紙クーポンと電子クーポンの2種類があり、お釣りは出ません。

Go Toトラベルが利用できる事業者は登録制で決まっています。「Go Toトラベル事業公式サイト」で確認してから予約申し込みをしてください。キャンペーン開始時は多少の混乱もありましたが、問題点を検証しながら改善がなされ、利便性が向上しました。2021年1月31日宿泊分までと決められたキャンペーンの終了時期も今後、延長される可能性が高いので、ぜひ、この機会に旅で支援をしたいものです。

2020年11月2日、郵船クルーズの飛鳥Ⅱが横浜港を約300日ぶりに乗客を乗せて出港しました。同日、商船三井客船のにっぽん丸も神戸港からクルーズを再開、カラー放水の運航再開セレモニーに胸が熱くなったかたもいらしたのではないでしょうか。政府は新型コロナウイルスの感染防止を目的に新たなガイドラインを策定し、乗客を定員の半分程度に絞るなどして、安心・安全に向けて万全に対策しています。しかもうれしいことに、客船クルーズや往復フェリー利用のツアーにもGo Toトラベル適用商品がたくさんあります。

Go Toトラベル対象の船旅商品を選ぶときのポイントは、まず国内クルーズであること。フェリーのみの予約もGo Toトラベル対象です。私たちの払った税金が財源となる支援策ゆえに、外国船は全て対象外です。さらに、クルーズ旅行で配布される地域共通クーポンは、寄港地だけでなく乗船地・下船地でも利用可能なので便利です。日本の名所旧跡を、フェリー往復で訪ねるのも風情があってよいですね。

コロナに万全に備えるには、旅行中や帰宅後14日以内に新型コロナウイルスを発症した場合に補償が得られ、さらに電話での医療相談も可能な旅行保険付き国内ツアーも販売されているので、そうした商品を選ぶとよいでしょう。また、客船クルーズの商品によっては事前PCR検査の費用をクルーズ代金に含んでいますから安心です。

ちなみに外国船は日本発着クルーズであっても、海外の港に一度は寄港しなければならず寄港国の入国規制に左右されるため、運航再開は早くて2021年春の予定です。外国船はおおむね先の予約が可能で、早めの申し込みは割引率が高いことが多いので、そろそろ旅の準備をされてはいかがでしょう。

今回のテーマ
Go To トラベルキャンペーン

Go Toトラベルお得活用術
withコロナ時代のクルーズ旅

政府の観光需要喚起策であるGo Toトラベルキャンペーンが実施中。
客船クルーズやフェリーにもGo Toトラベル適用商品が登場。

事前に情報を確認し
お得な旅を計画

（上）「Go Toトラベル事業公式サイト」のホームページ（https://goto.jata-net.or.jp/）。旅行前に、地域共通クーポンの使用方法などを確認しましょう。（下）横浜港で、クルーズ再開に向け停泊中の飛鳥Ⅱ。

● Go To トラベルの仕組み

旅行代金総額（100%）
あなたが支払う額 総額の**65%**
旅行代金割引（給付額） 総額の**35%** （ただし上限2万円）
＋ **あなたに付与される** **地域共通クーポン** 総額の**15%**
政府の支援額

※Go Toトラベル事務局の説明図をもとに筆者作成

※11月20日現在の情報に基づいています。Go Toトラベルキャンペーンは新型コロナウイルスの流行状況によって期間、内容を変更することがあります。

淑徳大学
経営学部観光経営学科　学部長・教授
千葉千枝子

中央大学卒業後、銀行勤務を経てJTBに就職。1996年有限会社千葉千枝子事務所を設立、運輸・観光全般に関する執筆・講演、TV・ラジオ出演などジャーナリスト活動に従事する。国内自治体の観光審議委員のほかNPO法人交流・暮らしネット理事長、中央大学の兼任講師も務める。

世界のクルーズシーンを紹介する季刊誌

定価1,200円(税別)／3・6・9・12月発行

2020年3月号
**シンガポール
100の情熱**
ISBN978-908514-21-0

アジアNo.1クルーズハブとして人気の高まるシンガポール。世界での唯一無二の存在感を放つ小さな港町の最新情報を、様々な角度で掘り下げた一冊。

2019年12月
**ダグラス・ワードと、
最上の航海へ。**
ISBN978-908514-20-3

世界で最も高名なクルーズ評論家ダグラス・ワード。50年にわたる観察眼から導き出す、いま最も乗るべき客船の数々をグラフィックにレポート。

2019年9月
**ネイチャークルーズ
入門**
ISBN978-4-908514-19-7

大自然に向き合い、動物たちに出会う。秘境と言われる場所、そこに行かなければ出会えない感動を求めて。すごい、かわいいに出会うクルーズガイド。

2019年6月
**アジア、
魂のサンクチュアリへ。**
ISBN978-4-908514-18-0

アジアの港には多様な街の文化と感動が待っている。9つの街をめぐるアジアクルーズのグラフィックレポート。同じ街は二つと無かった。

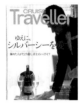

2019年3月
**ゆえに、
シルバーシーを愛す。**
ISBN 978-4-908514-17-3

創業25周年を迎えた、ラグジュアリークルーズの騎手としての輝きを放つハイブランド、シルバーシークルーズの魅力に迫る。

2018年12月
**いま、
「見知らぬ港町」へ**
ISBN978-4-908514-16-6

「寄港地2.0」をテーマに、次に行きたい、行くべき港町を探る一冊。世界のクルーズトラベラーの探求心を満たす注目の港町の数々を紹介する。

2018年9月
**客船に
住まう。**
ISBN978-4-908514-15-9

世界には客船に住まうように旅をするクルーズ上級者がいる。2週間程度のクルーズから世界一周まで、ロングクルーズでしか味わえない旅の世界。

2018年6月号
**大河を
旅する。**
ISBN978-4-908514-14-2

ガンジス、ナイル、メコンなど歴史に育まれた世界の大河を旅して悠久を感じる、スケールの大きなリバークルーズ案内。

2018年3月号
**スペインの
美しき港町**
ISBN978-4-908514-13-5

バルセロナからビルバオ、カタルヘナ、マラガ、ラコルニャ、そしてカナリア諸島。美しき港町を訪ね、まだ見ぬスペインの素顔に出会う旅。

クルーズトラベラーから生まれた小さなブックシリーズ

2017年7月
**上田寿美子の
クルーズ！万才**
ISBN978-4-908514-10-4

テレビおなじみ！上田寿美子によるエッセイ集。45年の乗船経験をもとに船旅の素晴らしさを楽しく紹介。

定価1,600円(税別)

2016年7月
飛鳥ダイニング
ISBN978-4-908514-05-0

日本の名船、飛鳥Ⅱ。大人たちを楽しませてきた料理、空間、もてなし術から美食の歴史までを一挙公開。

定価2,000円(税別)

2016年3月
極上のクルーズ手帳
ISBN978-4-908514-02-9

クルーズコーディネーター喜多川リュウが長年の乗船経験を基にまとめたクルーズ解説書の決定版。

定価1,600円(税別)

2015年7月
**ONE OCEAN
by Kazashito Nakamura**
ISBN978-4-9907514-9-4

写真家・中村風詩人によるファースト写真集。世界3周分を航海して撮り続けた水平線が一冊の本に。

定価2,200円(税別)

■バックナンバーのお求めは

A>お近くの書店にてご注文ください。
各刊のISBNコードをお伝えいただくとスムーズにご注文いただけます。

B> honto honto.jpでもご注文可能です。

| すべて▼ | クルーズトラベラー | 検索 |

クルーズトラベラーで検索すると一覧が表示されます。

バックナンバーに関するお問い合わせ先

クルーズトラベラーカスタマーセンター
〒104-0061
東京都中央区銀座6-14-8
銀座石井ビル4F
TEL.0120-924-962(土日祝を除く平日10時〜15時)

Opinion

今回のテーマ
特別フロアの魔力

優越感を味わえる
大型客船の特別フロア

上級のカテゴリーのゲストだけがアクセスできる
大型客船の特別フロアとは？

これは人間の本質に迫るテーマである。それは何か？　優越感の話。あなたは優越感に浸ることがお好きだろうか？　いやいや、そんなやらしいことは考えない、という方もいらっしゃるだろうが、好きな方もいらっしゃる。最近の大型船には一部の人がアクセスできる特別フロアのキャビンがある。例えばMSCクルーズならヨットクラブ、ノルウェージャンクルーズライン（NCL）ならヘブンというフロアだ。数千人乗りで1割にも満たない船客だけの特別フロア。専用レストラン、専用ラウンジ、専用プールといった具合に完全に隔離された場所。だいたい最上階の前方に位置する。そこから眼下の一般フロアのプールを見下ろせば、そこは所狭しとデッキチェアが並ぶ混雑、いわば江の島海岸状態だ。乗船時のチェックインさえも特別レーンなので長蛇の列に並ぶこともない。

少し視点を変えてみたい。そもそも船客200〜300人程度のスモールラグジュアリー船が存在する。例えばシードリームヨットクラブ、ザリッツカールトンヨットコレクション、リージェントセブンシーズクルーズといった船だ。全室スイート仕様、船客1人当たりのスペースも広く喧騒とは無縁の別世界。喧騒が嫌ならこういったスモールラグジュアリー船を選べばいいではないか、と思うのだが、それでもあえて数千人乗りの大型船の特別フロアを選ぶ方がいらっしゃる。その真意は何か？　ズバリ優越感である。全員がスイートキャビンでVIP扱いでは優越感は感じられない。ほんの一握りの特別扱いだから優越感を感じられる。しかし、私は最近考え方が変わってきた。気分良く船

旅をしているのなら、それはそれでいいのではないだろうか？　「気分良く船に乗っていたい」、これってすごく大事だと思うのです。それにヨットクラブやヘブンに入れば、上質なサービスが受けられるわけです。ヨットクラブならラグジュアリー船みたいにアルコール類もインクルーシブで振る舞われるわけです。ドリンクを注文するごとにカードキーを提示することもなく、スマートに過ごせるのです。シンガポールや香港発着のドリームクルーズには、パレスという特別フロアがあります。これも実に船客を気分良くさせてくれます。各キャビンにはバトラーが付きます。携帯電話があって、それを持ち歩いてバトラーにかければ、パレスの専用プールからルームサービスのメニューをプールサイドに持ってきてほしいと注文することもできます。特別レストランの予約やシアターの特別シートの予約などもすべて電話一本でバトラーにお願いすることができます。

スモールラグジュアリー船ではなく大型船の特別フロアを選ぶもう一つの理由は、ショーの迫力があって素晴らしいことです。スモールラグジュアリー船は箱が小さい分、演目にも限界がありますが、大型船は大きなステージがあってたくさんのダンサーやシンガーが繰り広げる迫力あるライブが楽しめます。大型船はそもそもクルーズ料金が安い、最も安く行くなら窓のない内側キャビンもありますが、海側ベランダ付きにしてもそれほど高いわけではありません。ならば海側ベランダ付きにもう少しプラスして特別フロアに入ると、そこには別世界が用意されています。一考の価値があると思います。

特別な空間で静かにリラックス

（上）NCLの特別フロア「ヘブン」専用プール。大型船の喧騒とは無縁のリラックスした雰囲気が漂う。
（下）MSCの特別フロア「ヨットクラブ」専用ラウンジは最上階、最前方に位置。

マーキュリートラベル代表
東山 真明

マーキュリートラベル代表。ポナン、シードリーム・ヨットクラブ、サガといった個性派のスモールシップに傾倒、年間70程度、日本からのゲストと洋上で過ごす。大阪市出身。

東山真明ウェブサイト

News & Topics

飛鳥Ⅱ、「結航路」シリーズなど新商品設定

飛鳥Ⅱは、2021年3月までのクルーズを発表。「BLUE NOTE TOKYO」と飛鳥Ⅱが初めてコラボレーションクルーズや、横浜と神戸を起点に3泊で各地を巡る「結航路(ゆいこうろ)」シリーズを設定。乗船港と下船港が異なる移動型クルーズでは、乗船前や下船後に自由に観光を楽しめる。今回は一人でも気軽にクルーズ旅行を楽しめるよう、「おひとりD旅キャンペーン」として、Dバルコニーの一人追加代金をお得に設定。

■問い合わせ　郵船クルーズ
https://www.asukacruise.co.jp

にっぽん丸、2021年上期商品を一部先行発表

商船三井客船は、にっぽん丸の2021年3月までのクルーズおよび2021年上期先行販売クルーズを発表。2020年下期は迎春クルーズや初春の宝船などの冬の定番クルーズのほか、新機軸のクルーズとして乗船客だけのプライベート花火大会なども楽しめる「にっぽん丸Luxury」を横浜と神戸で実施予定。2021年上期クルーズも定番の「ゴールデンウィーク日本一周クルーズ」、「東北夏祭りクルーズ」など一部先行して発売中。

■問い合わせ　商船三井客船
https://www.nipponmaru.jp

ぱしふぃっくびいなす、2020年下期商品を追加

日本クルーズ客船は、ぱしふぃっくびいなすが2021年3月までに予定する2020年下期クルーズの追加を発表。横浜・神戸・大阪・名古屋発着で2泊または3泊クルーズを運航。今回発表されたクルーズでは、熱海の会場花火を船から観賞する「熱海花火　南房総クルーズ」や横浜発着の「洋上の楽園クルーズ〜JAZZ & FRENCH Nights」、松山(道後)と別府、2つの温泉地を巡る「伊予　松山・湯けむり別府クルーズ」などに注目。

■問い合わせ　日本クルーズ客船
https://www.venus-cruise.co.jp/

バイキング、外洋船初のPCR検査室設置

バイキングクルーズは、外洋船で初めての本格的なPCR検査室をバイキングスター船内に設置したと発表。業界初のこの新しい設備では、クルーと乗客全員に負担が軽い唾液採取タイプのPCR検査を可能にする。「船内でPCR検査を積極的に実施し衛生手順を充実することによって、バイキングの船で安全に世界を巡ることができます」と同社の外洋運航副社長マット・グリムスは述べた。

■問い合わせ　オーシャンドリーム
http://oceandream.co.jp/voc

コスタ、プロゴルファー上田桃子選手と契約

コスタクルーズは、女子プロゴルファー上田桃子(うえだ ももこ)選手と、スポンサーシップ契約を締結。今後、上田桃子選手はコスタクルーズのロゴ入りウエアを着用し、国内外のゴルフトーナメントに出場する。上田選手は、トップアスリートとして日々の鍛錬を重ねるとともに、その情熱的なプレーで老若男女多くのファンを魅了。同社は上田桃子選手をパートナーとして応援しつつ新たな顧客の開拓を狙っていく。

■問い合わせ　コスタクルーズ
https://www.costajapan.com

MSC、衛生と安全に関する認証を取得

MSCクルーズは、一般財団法人日本海事協会(Class NK)より、衛生と安全に関する認証を取得。日本居住者を対象に日本発着クルーズの就航に向けて、日本の各港湾関係者との調整への道を開くこととなった。港湾局と同社は今後、一般社団法人日本外航客船協会(JOPA)の定める衛生と安全に関するガイドラインを順守していく。MSCベリッシマの日本発着クルーズは12月に販売開始予定。

■問い合わせ　MSCクルーズ
https://www.msccruises.jp

2021年1月、「広島空旅・海旅！2021」開催

2021年1月23日(土)、24日(日)、広島市の紙屋町シャレオ中央広場で「広島空旅・海旅！2021」が開催される予定。広島空港、広島県に関連する政府観光局、観光協会、航空会社、クルーズ船社、観光・宿泊施設等によるPRブースを展開する。新型コロナウイルスの感染拡大防止のため、今回、ステージイベント開催は見送りとなったが、前回までの空旅に海旅が加わり、さらなるスケールアップを目指す。

■問い合わせ　日本旅行業協会中四国事務局
TEL　082-536-0700

マレーシア政府観光局、オンラインツアー開催

マレーシア政府観光局は、2020年9月に観光局主催として初のオンラインツアー「楽しく今のマレーシアを知ろう！次のマレーシア旅を楽しむ秘訣を紹介」を開催。現地旅行会社の協力を得て、首都クアラルンプール、クチン、ランカウイ島を中継でつなぎ、現地ツアーガイドとともに訪れるオンラインツアーを企画。サラワク州でオランウータンを保護する「セメンゴ野生動物センター」と中継をつなげたりするなど充実した内容に。

■問い合わせ　マレーシア政府観光局
http://www.tourismmalaysia.or.jp

ホテル インターコンチネンタル 東京ベイのクリスマスケーキ

ホテル インターコンチネンタル 東京ベイでは、ザ・ショップ N.Y.ラウンジブティックにて、エグゼクティブ シェフ パティシエ 徳永純司がプロデュースするクリスマスケーキ&スイーツの予約販売を受け付け中。【販売期間】2020年12月15日〜12月25日【店名】ザ・ショップ N.Y.ラウンジブティック／1F 【時間】11:00〜20:00　詳しくはホームページをご確認ください。

■問い合わせ ホテル インターコンチネンタル 東京ベイ https://www.interconti-tokyo.com/restaurant/patisserie

People

Q1　シルバーシークルーズの日本誘致についての現状を教えてください。

当社は、世界中で現在運航をストップしていますが日本では日本船3社が運航再開することができ、明るい兆しが出てきました。世界中の客船会社は安全に運航を再開できるエリアを探しており、比較的コロナウイルスの感染を制御できている日本への配船には非常に関心が高いです。一方で、残念なことですが、クルーズ客船へのネガティブなイメージが国内では浸透していることから、外国船の再開には大きなハードルが立ちはだかっています。まずは、どのような感染対策を行っているか、また安全性への担保は、などを整えていくことが再開には重要なポイントです。そして、国民へのクルーズの安全・復活宣言のようなメッセージの発信、乗船を検討いただいているゲストへの案内、外国船を受け入れる港湾関係者をはじめ、その地元の方々へも同様の説明が必要となります。これらの地道な活動が我々クルーズ運行会社には求められており、同時に国土交通省や厚生労働省との調整にも取り組んでいるところです。

Q2　2021年のトレンドはどうなるでしょうか。

シルバーシークルーズは小型船で、かつお客様お一人に占めるスペースが広い、ラグジュアリー船であることから、感染症対策においては、従来の安全対策の延長線上で運行再開できそうです。その意味ではラグジュアリー船にとっては追い風になりつつあるようです。一方で、どのカテゴリーにも共通することですが、クルーズの楽しさの一つでもある人と触れ合うような「密」な環境をどうしていくか。徹底的な感染対策を行いながら、同時にクルーズの楽しさも提供していくために各社では船内アクティビティに工夫を加えていくでしょう。また別の側面、休暇の取得のしやすさやワーケーションという場所を選ばない働き方も進んでいます。これは働く世代にもクルーズが身近になる可能性があり、私はチャンスと捉えています。

Q3　直近の販売動向はいかがですか。

この8月にはサウジアラビアでチャータークルーズを実施しました。欧米では2022年までの予約が前年並みに回復しています。日本でも今年の夏頃から来年以降の日本発着クルーズが好調に推移しています。これは世界でも見られる傾向、Close to Home（クロー

ズ トゥー ホーム）と呼ばれ、自宅に近い場所からクルーズに乗下船する傾向が高まっています。弊社では2019年からスタートした日本発着クルーズを2021年から2023年にかけて倍増させており、日本のお客様にも身近にシルバーシーの優雅さをお楽しみいただける機会が増えています。また2つの新造船、シルバームーンとシルバーオリジンの引き渡しが完了しており、2021年にデビューします。日本からも多くのご予約をいただいており、非常に期待しているところです。

Q4　シルバーミューズ、個人的にお気に入りのスポットは?

私は大の愛煙家ですので、もちろんConnoisseur's Cornerというシガーバーです。最近は時代の流れもあり喫煙スペースを縮小、廃止する傾向が強いですが、シルバーシーには本格的で非常にクラシックな雰囲気を持ったシガーバーを存続させています。こういうところも大人の楽しみ方を理解している客船だなと思うんです。

2つの新造船で
ラグジュアリー
マーケットをリードする

（上）好評を得ているシルバーミューズの姉妹船として建造されたシルバームーン。使い勝手が良い40,700トンサイズに8つのスペシャリティレストランを備える最新のラグジュアリーシップ。（下）もう1つの新造船、ガラパゴス専用となるシルバーオリジン。白を基調とした上質なキャビンをはじめ、従来の探検船とは一線を画する内容で新しいマーケットの開拓を期待されている。

2021年シーズンに向けて、お話をお聞きしました。

ポストコロナの時代、ラグジュアリーシップの販売戦略は。

今回のゲスト

糸川雄介

シルバーシークルーズ
日本・韓国支社長

日本クルーズ客船での営業を皮切りに、スタークルーズ、ロイヤルカリビアンインターナショナル総代理店を経て2015年にコスタクルーズ日本支社長に就任。2018年には現職に転じ、日本におけるラグジュアリークルーズマーケットの開拓に取り組む。豊富なキャリアを基盤に、直近では外国船社の調整役として政府、自治体との交渉も担う。50歳。

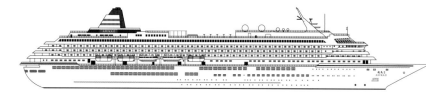
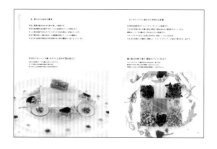

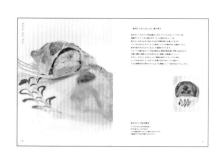

Gadget

どういう訳か、旅先での"しくじり"で時計に関することが多い。乗船までの移動中、ぞんざいに扱うせいだろうか時針や分針が外れていたり、ベゼルに致命的な傷が出来ていたりと災難に見舞われる。だから、ある時から発想を変えて、移動中の時計は時間がわかればよい、さらに付いた傷が味になるタイプの時計を愛用することにしている。

時計に関する"しくじり"として最も深刻だったケースは時差の調整漏れによる失敗があった。ベトナムのホイアンでの出来事だ。洋上航海日を挟んで前の寄港地を発ってから2日が経過していて、現地時間が変わっていた（らしい）。だから現地取材を終えて、あわや乗り遅れるかというギリギリのタイミングで船に戻ってきたことがあった。ゲスト用のタラップは船から離れていたのでクルー用のギャングウェイから乗り込みセーフという間一髪。振り返ると、同じ客船の乗船カードを首からぶら下げたゲストが街から引き揚げ始めた段階で異変に気づくべきであったし、そもそも朝の船内新聞に「時計を進めてね」と大きく書いてあったはずだから、時差を自動調整してくれなかった時計を恨んでも致し方ない。それからというもの、旅行道具で最も重要度が高いアイテムは現地の時刻を自動調整してくれる機能が付いた、かつ経年変化が味になる時計ではないかと思い始めている。

僕が、タフに使うときの時計として愛用しているのが旅先での傷も味になるカシオGショックだ。

ゼロハリバートンのスーツケースやハンティングワールドのバッグを同じように、経年変化も楽しみながら、長く使うことができるアイテムにオトコは弱いものだ。色バリエーションが豊富だからいくつか持参するのも悪くない。というわけで取材乗船の時にはGショックは外せない時計だ。そのトロッターウオッチの名品に最新型が出たという。とにかく強固そうな面構えだが中身もなかなかのものだ。F1マシンのようなカーボンモノコックボディをメタル素材で囲んだ二重構造で、軽さを確保しながらタフな環境にも耐えるという。旅先での"しくじり"防止策も完璧だ。世界300都市での現地時間に自動で修正してくれるという、まさにクルーズウオッチではないか！

Gショックにはもう一つ船内での役割がある。このプロダクツは発売から30年を超え、世界中で愛好家がいることから、船内でちょっとした会話のきっかけになることが多い。「それはカシオだろ？ 僕も数本持っているよ」「それは最新型？ちょっと見せてほしい」。意外なことだが、初老の紳士が僕のGショックに目を輝かせている光景を見ると、このプロダクツの求心力の高さを再認識できるのだ。もう一つ、Gショック絡みのエピソード。今年の春先乗船したリージェントエクスプローラーでのワンシーン。やわらかい素材のセーターの上から大きめのGショックを手首に巻き付けたご婦人が颯爽と通り過ぎていく。ウルトララグジュアリーな空間で、あえてのタフな時計。これはカッコよかった。

あわやの大失敗を繰り返さないための逸品

タフで軽量、のみならず、自動で世界の時刻に対応する一本。

〈今回の逸品〉

CASIO G-SHOCK
MTG-B2000

カシオGショック
MTG-B2000

タフネスさを追求しながら軽さも兼ね備えた電波ソーラーウオッチ

耐衝撃ボディの機能美に先進技術を搭載したMTG-B2000。メタル、樹脂に加えカーボン素材を活用し、一体構造のカーボンモノコックケースでモジュールを保護、更なる耐衝撃構造を追求した。機能面ではBluetooth®接続による時刻修正に対応。専用アプリをダウンロードすれば、近くにあるスマートフォンからボタン操作なく時刻を補正。インターネット上のタイムサーバーから時刻情報を取得し、タイムゾーンを越えて移動した際も自動的に現地時刻に合わせる。これらの機能をソーラー発電システムによって安定的に駆動することからクルーズウオッチとして最適。

MTG-B2000 ／121,000円（税込み）
サイズ／55.1×51.0×15.9mm
カシオ計算機Gショック公式サイト
https://products.g-shock.jp

（上）ファッションに合わせていくつか持参するのが楽しいGショック。（下）洋上ライフを想起させる青いベゼルのMTB-B2000。カシオ山形工場での微細な加工で際立つインデックスやインダイアルに施された彫刻が質感を高めている。

本誌編集長
茂木政次

雑誌編集者。大学卒業後、旅行会社にて商品企画、マーケティング業務に従事。その後、東京ニュース通信社に入社、クルーズ情報誌「船の旅」編集部に配属。2007年より同誌編集長に就任。2012年に本誌創刊に参画。クルーズオブザイヤー選考委員、三越クルーズファッションカタログ監修なども務める。

Cruise Line Directory クルーズラインディレクトリー

AsukaⅡ
ゆとりの空間で楽しむ
日本最大級の客船

郵船クルーズ	t	🏛	👥	↕	↔	⛴
AsukaⅡ　飛鳥Ⅱ	50,142	800	470	241	29.6	2006

郵船クルーズ
TEL. 0570-666-154
http://www.asukacruise.co.jp

Nippon Maru
伝統を受け継ぐ
和のおもてなし

商船三井客船	t	🏛	👥	↕	↔	⛴
Nippon Maru　にっぽん丸	22,472	524	230	116.6	24	2010

商船三井客船
TEL. 0120-791-211
http://www.nipponmaru.jp

Pacific Venus
ふれんどしっぷの
温かみあふれる客船

日本クルーズ客船	t	🏛	👥	↕	↔	⛴
Pacific Venus　ぱしふぃっくびいなす	26,594	644	204	183.4	25	1998

日本クルーズ客船
TEL. 0120-017-383
http://www.venus-cruise.co.jp

Carnival Cruise Lines
"ファンシップ"が合言葉、
世界最大のクルーズライン。

カーニバルクルーズライン	t	🏛	👥	↕	↔	⛴
Carnival Conquest　カーニバルコンクエスト	110,000	2,974	1,150	290.47	35.36	2002
Carnival Breeze　カーニバルブリーズ	130,000	3,690	1,386	306	37.18	2012
Carnival Sunshine　カーニバルサンシャイン	101,353	2,642	1,050	272.19	35.36	1996
Carnival Dream　カーニバルドリーム	130,000	3,646	1,367	306	37.19	2009
Carnival Ecstasy　カーニバルエクスタシー	70,367	2,056	920	260.6	31.39	1991
Carnival Elation　カーニバルイレーション	70,367	2,052	920	260.6	31.39	1998
Carnival Freedom　カーニバルフリーダム	110,000	2,974	1,180	290.47	35.36	2007
Carnival Glory　カーニバルグローリー	110,000	2,974	1,180	290.47	35.36	2003
Carnival Horizon　カーニバルホライゾン	133,500	3,930	1,450	322	37	2018
Carnival Legend　カーニバルレジェンド	88,500	2,124	930	293.52	32.2	2002
Carnival Liberty　カーニバルリバティ	110,000	2,976	1,180	290.47	35.36	2005
Carnival Magic　カーニバルマジック	130,000	3,690	1,386	306	35.36	2011
Carnival Miracle　カーニバルミラクル	88,500	2,124	910	293.52	32.2	2004
Carnival Panorama　カーニバルパノラマ	133,500	3,954	1,450	322	37	2019
Carnival Paradise　カーニバルパラダイス	70,367	2,052	920	260.6	31.39	1998
Carnival Pride　カーニバルプライド	88,500	2,124	910	293.52	32.2	2002
Carnival Sensation　カーニバルセンセーション	70,367	2,056	920	260.6	31.39	1993
Carnival Spirit　カーニバルスピリット	88,500	2,124	910	293.52	32.2	2001
Carnival Splendor　カーニバルスプレンダー	113,000	3,006	1,503	290.17	35.36	2008
Carnival Triumph　カーニバルトライアンフ	101,509	2,758	1,090	272.19	35.36	1999
Carnival Valor　カーニバルヴァラー	110,000	2,984	1,150	290.47	35.36	2004
Carnival Victory　カーニバルビクトリー	101,509	2,758	1,090	272.19	35.36	2000
Carnival Vista　カーニバルビスタ	133,500	3,934	1,450	321	—	2016
Mardi Gras　マルディグラ	180,000	5,500	—	344	—	2020

アンフィトリオン・ジャパン
TEL. 03-3832-8411
http://www.amphitryon.co.jp

Celebrity Cruises
きめ細かなサービスが売りの
エレガントなクルーズ。

セレブリティクルーズ	t	🏛	👥	↕	↔	⛴
Azamara Journey　アザマラジャーニー	30,277	694	390	180	25	2000
Azamara Quest　アザマラクエスト	30,277	694	390	180	25	2000
Celebrity Apex　セレブリティエイペックス	129,500	2,918	1,320	306	39	2020
Celebrity Constellation　セレブリティコンステレーション	91,000	2,034	920	294	32	2002
Celebrity Eclipse　セレブリティイクリプス	122,000	2,850	1,246	314	36	2010
Celebrity Edge　セレブリティエッジ	129,500	2,918	1,320	306	39	2018
Celebrity Equinox　セレブリティイクノス	122,000	2,850	1,246	314	36	2009
Celebrity Flora　セレブリティフローラ	5,739	100	—	101	16	2019
Celebrity Infinity　セレブリティインフィニティ	91,000	2,050	999	294	32	2001
Celebrity Millennium　セレブリティミレニアム	91,000	2,034	999	294	32	2000
Celebrity Silhouette　セレブリティシルエット	122,000	2,886	1,233	314	36	2011
Celebrity Solstice　セレブリティソルスティス	122,000	2,850	1,246	314	36	2008
Celebrity Summit　セレブリティサミット	91,000	2,038	999	294	32	2001
Celebrity Xpedition　セレブリティエクスペディション	2,824	92	64	90	14	2004

ミキ・ツーリスト
http://www.celebritycruises.jp

Crystal Cruises
日本人の感性にマッチした
ラグジュアリーな外国船。

クリスタルクルーズ	t	🏛	👥	↕	↔	⛴
Crystal Serenity　クリスタルセレニティ	68,870	1,070	655	250	32.2	2003
Crystal Symphony　クリスタルシンフォニー	51,044	922	566	238	30.2	1995

クリスタルクルーズ
https://www.crystalcruises.jp

Cunard
英国の誇りと伝統を感じる
クルーズライン。

キュナード	t	🏛	👥	↕	↔	⛴
Queen Elizabeth　クイーンエリザベス	90,400	2,092	1,003	294	32.25	2010
Queen Mary2　クイーンメリー 2	151,400	2,620	1,253	345	41	2004
Queen Victoria　クイーンヴィクトリア	90,000	2,000	1,001	294	32.3	2007

キュナードライン ジャパンオフィス
http://www.cunard.jp

　t…トン(t)　🏛…乗客定員(人)　👥…乗組員数(人)　↕…全長(m)　↔…全幅(m)　⛴…就航・改装(年)

Costa Cruises

陽気なイタリアンスタイルが魅力、
アジアクルーズも充実。

コスタクルーズ
http://www.costajapan.com

コスタクルーズ	t	🛏	👥	↕	↔	🚢
Costa Atlantica コスタアトランチカ	86,000	2,680	897	292.5	32.2	2000
Costa neoClassica コスタネオクラシカ	53,000	1,680	607	220.6	30.8	1991
Costa Deliziosa コスタデリチョーザ	92,600	2,826	934	294	32.3	2010
Costa Diadema コスタディアデマ	132,500	4,947	1,253	306	37.2	2014
Costa Favolosa コスタファボローザ	114,500	3,800	1,100	290	35.5	2011
Costa Fascinosa コスタファシノーザ	113,200	3,800	1,100	290	35.5	2012
Costa Fortuna コスタフォーチュナ	103,000	3,470	1,027	272	35.5	2003
Costa Luminosa コスタルミノーザ	92,600	2,826	1,050	294	32.3	2009
Costa Magica コスタマジカ	103,000	3,470	1,027	272	35.5	2004
Costa Mediterranea コスタメディタラニア	86,000	2,680	897	292	32.2	2003
Costa Pacifica コスタパシフィカ	114,500	3,780	1,100	290	35	2009
Costa neoRiviera コスタネオリビエラ	48,200	1,727	500	216.5	28.8	1999
Costa Serena コスタセレーナ	114,500	3,780	1,100	290	35.5	2007
Costa Venezia コスタベネチア	135,500	5,260	—	323.6	37.2	2019

Disney Cruise Line

ディズニーの世界を
満喫できるクルーズライン。

郵船トラベル
TEL. 0120-55-3951
http://www.ytk.co.jp/dis/index

ディズニークルーズライン	t	🛏	👥	↕	↔	🚢
Disney Dream ディズニードリーム	128,000	4,000	1,458	340	38	2011
Disney Magic ディズニーマジック	83,000	2,400	975	294	32	1998
Disney Wonder ディズニーワンダー	83,000	2,400	975	294	32	1999

Dream Cruises

美食やホスピタリティが魅力の
アジア初のプレミアム客船

ゲンティンクルーズライン
スタークルーズ日本オフィス
TEL. 03-6403-5188
http://www.dreamcruise.jp

ドリームクルーズ	t	🛏	👥	↕	↔	🚢
Explorer Dream エクスプローラードリーム	75.338	1,856	1,225	268	32	1999
Genting Dream ゲンティンドリーム	150,695	3,352	2,016	335	40	2016
World Dream ワールドドリーム	150,695	3,352	2,016	335	40	2017

Holland America Line

美術館のような内装も魅力の
クルーズライン。

オーバーシーズトラベル
TEL. 03-3567-2266
http://www.cruise-ota.com/
holland

ホーランドアメリカライン	t	🛏	👥	↕	↔	🚢
Amsterdam アムステルダム	62,735	1,380	600	238	32.2	2000
Eurodam ユーロダム	86,273	2,104	929	285.3	32	2008
Koningsdam コーニングズダム	99,500	2,650	—	297	35	2016
Maasdam マースダム	55,575	1,627	580	219.21	30.8	1993
Nieuw Amsterdam ニューアムステルダム	86,273	2,104	929	285	32.2	2010
Noordam ノールダム	82,318	2,457	800	285	32.21	2006
Oosterdam オーステルダム	82,305	1,916	817	285	32.22	2003
Prinsendam プリンセンダム	38,848	835	428	204	28.9	1988
Rotterdam ロッテルダム	61,849	1,802	600	237.95	32.25	1997
Statendam スタテンダム	55,819	1,627	580	219.21	30.8	1993
Veendam ヴィーンダム	57,092	1,719	580	219.21	30.8	1996
Volendam フォーレンダム	61,214	1,850	615	237.91	32.25	1999
Westerdam ウエステルダム	82,348	2,455	817	285.24	32.21	2004
Zaandam ザーンダム	61,396	1,850	615	237	32.25	2000
Zuiderdam ザイデルダム	82,305	2,387	817	285.42	32.25	2002

MSC Cruises

地中海生まれの
イタリアンスタイルクルージング。

MSCクルーズジャパン
TEL. 03-5405-9211
http://www.msccruises.jp

MSCクルーズ	t	🛏	👥	↕	↔	🚢
MSC Armonia MSCアルモニア	65,542	2,679	721	274.9	32	2004
MSC Bellissima MSCベリッシマ	167,600	5714	—	315.83	43	2019
MSC Divina MSCディヴィーナ	139,072	4,345	1,388	333.3	37.92	2012
MSC Fantasia MSCファンタジア	137,936	4,363	1,370	333.3	37.92	2008
MSC Lirica MSCリリカ	65,591	2,679	721	274.9	32	2003
MSC Magnifica MSCマニフィカ	95,128	3,223	1,038	293.8	32.2	2010
MSC Meraviglia MSC メラビリア	171,598	5,714	1,536	315	43	2017
MSC Musica MSCムジカ	92,409	3,223	1,014	293.8	32.2	2006
MSC Opera MSCオペラ	65,591	2,679	728	274.9	32	2004
MSC Orchestra MSCオーケストラ	92,409	3,223	1,054	293.8	32.2	2007
MSC Seaside MSCシーサイド	160,000	5,179	1,413	323	41	2017
MSC Seaview MSCシービュー	160,000	5,179	1,413	323	41	2018
MSC Sinfonia MSCシンフォニア	65,542	2,679	765	274.9	32	2005
MSC Splendida MSCスプレンディダ	137,936	4,363	1,370	333.3	37.92	2009
MSC Poesia MSCポエジア	92,627	3,223	1,388	293.8	32.2	2008
MSC Preziosa MSCプレチオーサ	139,072	4,345	1,388	333.3	37.92	2013

Norwegian Cruise Line
楽しみ方自由自在の、フリースタイルクルージング。

ノルウェージャンクルーズライン
http://www.ncljpn.jp

ノルウェージャンクルーズライン	t	🏛	👤	↕	↔	🚢
Norwegian Breakaway ノルウェージャンブレイクアウェイ	144,017	4,000	1,753	324	39.7	2013
Norwegian Bliss ノルウェージャンブリス	168,028	4,004	1,716	331.4	41.4	2018
Norwegian Dawn ノルウェージャンドーン	92,250	2,224	1,126	294.1	32	2001
Norwegian Encore ノルウェージャンアンコール	167,800	3,998	1,735	333	41.4	2019
Norwegian Epic ノルウェージャンエピック	155,873	4,100	1,753	329	40.5	2010
Norwegian Getaway ノルウェージャンゲッタウェイ	146,600	4,000	1,753	324	39.7	2014
Norwegian Gem ノルウェージャンジェム	93,530	2,394	1,101	294.1	32.2	2007
Norwegian Jade ノルウェージャンジェイド	93,558	2,402	1,076	294.1	32.2	2008
Norwegian Jewel ノルウェージャンジュエル	93,502	2,376	1,100	294.1	32.2	2005
Norwegian Pearl ノルウェージャンパール	93,530	2,394	1,099	294	32.2	2006
Norwegian Sky ノルウェージャンスカイ	77,104	950	914	260	32.2	2002
Norwegian Star ノルウェージャンスター	91,000	2,240	1,069	294.1	32	2002
Norwegian Sun ノルウェージャンサン	78,309	1,936	916	260	32.2	2001
Pride of America プライドオブアメリカ	80,439	2,138	1,000	280.4	32.1	2005

Oceania Cruises
ベルリッツクルーズガイドで5つ星、有名シェフが手がけるグルメも魅力。

オーシャニアクルーズ
TEL.03-4530-9884
https://jp.oceaniacruises.com

オーシャニアクルーズ	t	🏛	👤	↕	↔	🚢
Nautica ノーティカ	30,277	684	386	181	25.5	1998
Marina マリーナ	65,000	1,258	800	236.7	32.1	2011
Riviera リビエラ	65,000	1,250	800	236.7	32.1	2012
Regatta レガッタ	30,277	684	386	181	25.5	1998

Paul Gauguin Cruises
タヒチの島々を巡るラグジュアリー客船

インターナショナル・クルーズ・マーケティング
TEL. 03-5405-9213
http://www.icmjapan.co.jp/pg

ポールゴーギャンクルーズ	t	🏛	👤	↕	↔	🚢
Paul Gauguin ポールゴーギャン	19,200	332	217	156.5	21.6	2012

Ponant
美食が売りの、ガストロノミーシップ。

ポナン
http://www.ponant.jp

ポナン	t	🏛	👤	↕	↔	🚢
L'austral ロストラル	10,700	264	140	142	18	2011
Le Boreal ルボレアル	10,700	264	140	142	18	2010
Le Champlain ルシャンプラン	9,900	184	110	131	8	2018
Le Laperouse ルラペルーズ	9,900	184	110	131	8	2018
Le Lyrial ルリリアル	10,700	260	140	142	18	2015
Le Ponant ルポナン	1,443	64	32	88	12	1991
Le Soleal ルソレアル	10,700	264	140	142	18	2013

Princess Cruises
個人の好みに合わせた、パーソナルチョイスクルージング。

プリンセスクルーズ ジャパンオフィス
http://www.princesscruises.jp

プリンセスクルーズ	t	🏛	👤	↕	↔	🚢
Island Princess アイランドプリンセス	92,000	1,970	900	290	32	2003
Caribbean Princess カリビアンプリンセス	116,000	3,100	1,100	290	36	2004
Coral Princess コーラルプリンセス	92,000	1,970	900	290	32	2002
Crown Princess クラウンプリンセス	116,000	3,070	1,100	290	36	2006
Dawn Princess ドーンプリンセス	77,000	1,950	900	261	32	1997
Diamond Princess ダイヤモンドプリンセス	116,000	2,670	1,238	290	37.5	2004
Emerald Princess エメラルドプリンセス	113,000	3,070	1,100	290	36	2007
Golden Princess ゴールデンプリンセス	109,000	2,600	1,100	290	36	2001
Grand Princess グランドプリンセス	109,000	2,600	1,100	290	36	1998
Majestic Princess マジェスティックプリンセス	143,700	3,560	1,350	330	38.4	2017
Ocean Princess オーシャンプリンセス	30,200	670	370	178	25	1999
Pacific Princess パシフィックプリンセス	30,200	670	370	178	25	1999
Ruby Princess ルビープリンセス	113,000	3,070	1,100	290	36	2008
Sapphire Princess サファイアプリンセス	116,000	2,670	1,238	290	37.5	2004
Sky Princess スカイプリンセス	144,650	3,660	1,346	330	38.4	2019
Star Princess スタープリンセス	109,000	2,600	1,100	290	36	2002
Regal Princess リーガルプリンセス	141,000	3,600	1,346	330	47	2014
Royal Princess ロイヤルプリンセス	141,000	3,600	1,346	330	47	2013

Pullmantur Cruises
太陽の国スペインを拠点に楽しいクルーズを提供

ジェイバ
TEL. 03-5695-1647
http://jeibacruise.jp/pullmantur

プルマントゥールクルーズ	t	🏛	👤	↕	↔	🚢
Horizon ホライズン	47,427	1,828	—	208	29	1990
Monarch モナーク	73,937	2,766	—	268	32	1991
Sovereign ソブリン	73,192	2,852	—	268	32	1988

Regent Seven Seas Cruises
思うままにくつろげる、洋上の我が家。

リージェントセブンシーズクルーズ
https://jp.rssc.com

リージェントセブンシーズクルーズ	t	🏛	👤	↕	↔	🚢
Seven Seas Explorer セブンシーズエクスプローラー	56,000	542	748	224	31	2016
Seven Seas Mariner セブンシーズマリナー	48,075	700	445	216	28.3	2001
Seven Seas Navigator セブンシーズナビゲーター	28,550	490	345	172	24.7	1999
Seven Seas Splendor セブンシーズスプレンダー	50,125	750	542	224	31	2020
Seven Seas Voyager セブンシーズボイジャー	42,363	700	447	204	28.8	2003

t…トン(t) 🏛…乗客定員(人) 👤…乗組員数(人) ↕…全長(m) ↔…全幅(m) 🚢…就航・改装(年)

Royal Caribbean International

世界最大の客船も有する、
バラエティ豊かなラインアップ。

ミキ・ツーリスト
http://www.royalcaribbean.jp

ロイヤルカリビアンインターナショナル	t	🛏	👤	↕	↔	⚓
Adventure of the Seas　アドベンチャーオブザシーズ	137,276	3,114	1,185	310	48	2001
Anthem of the Seas　アンセムオブザシーズ	167,800	4,180	1,500	348	41	2015
Allure of the Seas　アリュールオブザシーズ	225,282	5,400	2,384	361	66	2010
Brilliance of the Seas　ブリリアンスオブザシーズ	90,090	2,112	848	293	32	2002
Enchantment of the Seas　エンチャントメントオブザシーズ	81,000	2,252	873	301	32	1997
Explorer of the Seas　エクスプローラーオブザシーズ	137,308	3,114	1,185	310	48	2000
Freedom of the Seas　フリーダムオブザシーズ	154,407	3,634	1,360	338	56	2006
Harmony of the seas　ハーモニーオブザシーズ	227,000	5,400	2,165	361	63	2016
Independence of the Seas　インディペンデンスオブザシーズ	154,407	3,634	1,360	338	56	2006
Jewel of the Seas　ジュエルオブザシーズ	90,090	2,112	859	293	32	2004
Liberty of the Seas　リバティオブザシーズ	154,407	3,634	1,360	338	56	2007
Majesty of the Seas　マジェスティオブザシーズ	73,941	2,380	884	268	32	1992
Mariner of the Seas　マリナーオブザシーズ	138,279	3,114	1,185	310	48	2003
Navigator of the Seas　ナビゲーターオブザシーズ	138,279	3,114	1,213	310	48	2002
Oasis of the Seas　オアシスオブザシーズ	225,282	5,400	2,384	361	66	2009
Ovation of the Seas　オベーションオブザシーズ	167,800	4,180	1,500	348	41	2016
Quantum of the Seas　クァンタムオブザシーズ	167,800	4,180	1,500	348	41	2014
Radiance of the Seas　レディアンスオブザシーズ	90,090	2,139	869	293	32	2001
Rhapsody of the Seas　ラプソディオブザシーズ	78,491	1,998	765	279	32	1997
Serenade of the Seas　セレナーデオブザシーズ	90,090	2,110	891	294	32	2003
Spectrum of the Seas　スペクトラムオブザシーズ	168,666	4,246	1,551	347	41	2019
Symphony of the Seas　シンフォニーオブザシーズ	230,000	5,494	2,175	362	65	2018
Vision of the Seas　ビジョンオブザシーズ	78,491	2,000	765	279	32	1998
Voyager of the Seas　ボイジャーオブザシーズ	137,276	3,114	1,176	310	48	1999

SAGA Cruises

落ち着いた雰囲気の中楽しめる、
ブリティッシュスタイルクルーズ。

マーキュリートラベル
TEL. 045-664-4268
http://www.mercury-travel/saga

サガクルーズ	t	🛏	👤	↕	↔	⚓
Saga Sapphire　サガサファイア	33,701	1,158	406	199	28.6	1982
Spirit of Discovery　スピリットオブディスカバリー	58,250	999	517	236	31.21	2019

Seabourn Cruise Line

ヨットタイプのスモールシップで
楽しむ、最高峰のクルーズ。

オーバーシーズトラベル
TEL. 03-3567-2266
http://cruise-ota.com/seabourn
カーニバル・ジャパン
TEL. 03-3573-3610
https://www.seabourn.com

シーボーンクルーズライン	t	🛏	👤	↕	↔	⚓
Seabourn Encore　シーボーンアンコール	40,350	600	400	210	28	2016
Seabourn Odyssey　シーボーンオデッセイ	32,000	450	330	195	25.2	2009
Seabourn Quest　シーボーンクエスト	32,000	450	330	195	25.2	2011
Seabourn Sojourn　シーボーンソジャーン	32,000	450	330	195	25.2	2010

Silversea Cruises

クルーズ界のロールスロイスとも
呼ばれる、ラグジュアリーシップ。

シルバーシークルーズ
https://www.silversea.com

シルバーシークルーズ	t	🛏	👤	↕	↔	⚓
Silver Cloud　シルバークラウド	16,800	296	222	156.7	21.5	1994
Silver Discoverer　シルバーディスカバラー	5,218	120	74	103	15.4	2014
Silver Origin　シルバーオリジン	5,800	100	—	101	16	2020
Silver Muse　シルバーミューズ	40,700	596	411	212.8	27	2017
Silver Shadow　シルバーシャドー	28,258	382	302	186	24.9	2000
Silver Spirit　シルバースピリット	36,000	540	376	198.5	26.2	2009
Silver Whisper　シルバーウィスパー	28,258	382	302	186	24.9	2001
Silver Wind　シルバーウインド	17,400	296	222	156.7	21.5	1995

Star Clippers

風と波を感じる帆船で、
魅惑の寄港地へ。

メリディアン・ジャパン
TEL. 0476-48-3070
https://starclippers.jp

スタークリッパーズ	t	🛏	👤	↕	↔	⚓
Royal Clipper　ロイヤルクリッパー	4,425	227	106	134	16	2000
Star Clipper　スタークリッパー	2,298	170	74	115.5	15	1992
Star Flyer　スターフライヤー	2,298	170	74	115.5	15	1991

Viking Ocean Cruises

名門バイキング社を受け継ぐ
大人のためのクルーズライン

オーシャンドリーム
TEL. 042-773-4037
http://oceandream.co.jp

バイキングオーシャンクルーズ	t	🛏	👤	↕	↔	⚓
Viking Sea　バイキングシー	47,800	930	550	230	28.8	2016
Viking Star　バイキングスター	47,800	930	550	230	28.8	2015
Viking Sky　バイキングスカイ	47,800	930	550	230	28.8	2017
Viking Sun　バイキングサン	47,800	930	550	230	28.8	2017

Windstar Cruises

3隻のラグジュアリーな
帆船を有するクルーズライン。

セブンシーズリレーションズ
TEL. 03-6869-7117
http://windstarcruises.jp

ウインドスタークルーズ	t	🛏	👤	↕	↔	⚓
Star Breeze　スターブリーズ	9,975	212	140	134	19	1989
Star Legend　スターレジェンド	9,975	212	140	134	19	1992
Star Pride　スタープライド	9,975	212	140	134	19	1988
Wind Spirit　ウインドスピリット	5,350	148	88	134	15.8	1988
Wind Star　ウインドスター	5,350	148	88	134	15.8	1986
Wind Surf　ウインドサーフ	14,745	312	163	187	20	1990

Final Edit

長き航海を終えて、サンディエゴにて。

text by Masatsugu Mogi, photo by Shu Ito

オランダ国旗がひるがえるホーランドアメリカのウエステルダム。撮影場所は
アメリカサンディエゴに入港中の同じくホーランドアメリカのマーズダム船上。
撮影者は巻頭フォトグラファーからのメッセージで寄稿してくれた「伊藤秀
海」。そう、彼はカメラマンとしてマーズダムに乗船しながらも、船内でコロナ
ウイルス発症者が現れたためにハワイやフレンチポリネシアでの入国を断ら
れ、長期間にわたり船内に留め置かれたスタッフのひとり。この一枚は、よう
やくサンディエゴにたどり着いたマーズダムの奮闘をウエスタルダムのクルーが
デッキに出てたたえる、まさに歓喜の一瞬。

CRUISE Traveller ONLINE
www.cruisetraveller.jp
CRUISE Traveller公式サイトでは
今号の取材模様を公開しています。

Staff

Publisher
Noriko Tomioka 富岡範子

Editor-in-Chief
Masatsugu Mogi 茂木政次

Associate Editor
Nami Shimazu 島津奈美

Editors
Taku Tanji 丹治たく
Koji Nakamachi 仲町康治
Chieko Chiba 千葉千枝子
Harumi Takaya 高谷治美

Art Director
Kenji Inukai 犬飼健二

Designers
Mayumi Takai 高井真由美
（犬飼デザインサイト）
Fukumi Ito 伊藤ふくみ
（犬飼デザインサイト）
Hiroyuki Hitomi 人見祐之
（PDSTUDIO）

Senior Correspondents
Hisashi Noma 野間恒

Contributing Editor
Katsumi Koike 小池克己
（株式会社海人社）

Printing Manager
Kenichiro Imano 今野健一朗

CRUISE Traveller
クルーズトラベラー Winter 2021
幸せのクルーズライフ
2021
2020年12月15日初版発行

Published by
発行
クルーズトラベラーカンパニー株式会社
〒104-0061
東京都中央区銀座6-14-8
銀座石井ビル4F
TEL 03-6869-3990

Distribution by
発売
丸善出版株式会社
〒101-0051
東京都千代田区神田神保町2-17
神田神保町ビル6F
電話 03-3512-3256

Printed by
印刷・製本
三共グラフィック株式会社

定期購読に関するお問い合わせ
TEL 0120-924-962
（土日祝を除く平日10〜15時）

ISBN 978-4-908514-23-4　C0026
Printed in Japan

クルーズクラスマガジン
クルーズトラベラーは、
船旅を愛する読者に支えられ
3・6・9・12月にリリースしています。